Avec un sourire

Données de catalogage avant publication (Canada)

Latulippe, Gilles

   Avec un sourire

1. Latulippe, Gilles. 2. Acteurs – Québec (Province) – Biographies.
3. Comiques – Québec (Province) – Biographies. I. Titre

PN2308.L39A3   1997   792'.028'092   C97-941080-0

DISTRIBUTEURS EXCLUSIFS:

- Pour le Canada et les États-Unis:
MESSAGERIES ADP*
955, rue Amherst,
Montréal, Québec
H2L 3K4
Tél.: (514) 523-1182
Télécopieur: (514) 939-0406
* Filiale de Sogides ltée

- Pour la Belgique et le Luxembourg:
PRESSES DE BELGIQUE S.A.
Boulevard de l'Europe 117
B-1301 Wavre
Tél.: (010) 42-03-20
Télécopieur: (010) 41-20-24

- Pour la Suisse:
TRANSAT S.A.
Route des Jeunes, 4 Ter
C.P. 125
1211 Genève 26
Tél.: (41-22) 342-77-40
Télécopieur: (41-22) 343-46-46

- Pour la France et les autres pays:
INTER FORUM
Immeuble Paryseine, 3, Allée de la Seine, 94854 Ivry Cedex
Tél.: 01 49 59 11 89/91
Télécopieur: 01 49 59 11 96
Commandes: Tél.: 02 38 32 71 00
                       Télécopieur: 02 38 32 71 28

© 1997, Les Éditions de l'Homme,
une division du groupe Sogides

Tous droits réservés

Dépôt légal: 3e trimestre 1997
Bibliothèque nationale du Québec

ISBN 2-7619-1355-8

Gilles LATULIPPE

Avec un sourire

Avec la collaboration de
Denis Ouellet

Cher Gilles...

Si le rire est la meilleure thérapie pour guérir le monde de ses misères, alors Gilles Latulippe est un grand médecin. Spécialiste des cinq sens — le sens de l'humour, le sens du spectacle, le sens de la répartie, le sens du timing et le sens du punch —, il n'a jamais cessé de perfectionner son art auprès des publics les plus différents. Qui peut mieux que Gilles Latulippe nous mettre en gaieté dès son apparition sur scène? Qui d'autre que lui peut nous faire rire à chaque réplique, à chaque phrase?

Dans ce livre, vous découvrirez sans doute un homme simple comme seuls les grands peuvent l'être. Quand Gilles Latulippe se raconte, raconte sa vie et son métier, il le fait avec humilité et avec beaucoup de reconnaissance pour ceux qui l'ont aidé. C'est un homme de théâtre complet, capable aussi bien de jouer le drame que la comédie, d'écrire et de mettre en scène ses propres pièces, capable de diriger le Théâtre des Variétés, de faire de la télévision et du cinéma, etc. Il ne s'arrête pas et il n'a pas fini de nous étonner, mais ce n'est pas lui qui s'en vantera car il sait que, dans ce métier, c'est toujours le public qui a le dernier mot. Il n'y a que cela de vrai.

N'est pas comique qui veut et ils sont peu nombreux ceux qui peuvent marcher sur les traces des Guimond, Manda, La Poune, etc. Gilles Latulippe est de ceux-là. Je souhaite à la nouvelle génération de lire ce livre et d'y trouver des pistes qui l'aideront à suivre le même chemin.

Quant à moi, cher Gilles, je te dis merci d'œuvrer dans la tradition du théâtre populaire et de si bien le faire. Très heureuse de me compter parmi tes amis. Le mot de Cambronne.

Muriel Millard

Introduction

Tout a commencé le jour où les Éditions de l'Homme m'ont téléphoné pour me demander d'écrire un livre sur ma vie.

J'aurais pu dire non tout de suite; on m'avait déjà appelé par le passé pour la même raison et c'est ce que j'avais fait: je n'étais pas intéressé, trop jeune, trop occupé, etc. Cette fois, je ne sais pas pourquoi, je n'ai pas dit non. J'hésitais... D'une part j'étais flatté qu'on pense à moi et qu'on ait l'impression que ma vie valait la peine d'être racontée; d'autre part je me voyais déjà assis devant la page blanche en train de me creuser les méninges et du coup ça me refroidissait, j'étais moins tenté.

En un mot j'avais le trac, mais un trac qui ne ressemble pas du tout à celui du comédien au moment d'entrer en scène. Pour moi c'était nouveau. Comment dire? À l'idée d'avoir à écrire tout un livre sur ma vie et sur ma carrière, je me sentais comme un matelot qui se retrouve tout à coup à la barre d'un paquebot et qui se demande comment il va faire, tout à l'heure, pour accoster à un quai où il n'y a de place que pour une chaloupe... Ou bien, si vous préférez, je me sentais comme le fils d'un cheik arabe qui vient d'hériter du harem de son père: je ne savais pas par quel bout commencer!

Cette réflexion-hésitation dura un bon mois puis mon éditeur me téléphona de nouveau et cette fois, voyant que j'hésitais encore, il m'invita à passer le voir à son bureau pour en discuter.

Il faut dire que ma plus grande crainte était — et est toujours — d'ennuyer mon lecteur. Moi qui ai passé ma vie à essayer de vous distraire, de vous faire rire et sourire le plus souvent possible, ce serait bien le comble que cette même vie, une fois couchée sur le papier, enfermée dans un livre, vous fasse bâiller d'ennui! Et pourtant, je me disais que ça pourrait très bien se produire. Après tout, je ne pense pas avoir vécu une vie hors du commun, je me considère même comme quelqu'un de très ordinaire. Et ne dit-on pas que les gens heureux sont sans histoires? Alors que faire pour rendre ma vie plus intéressante, pour être sûr de ne pas vous ennuyer? Mentir?... M'inventer des aventures avec des belles grandes blondes? un problème d'alcool, peut-être, ou de drogue? des revers de fortune? une grave maladie? une enfance digne d'Aurore l'enfant martyre? J'avoue qu'en arrivant aux Éditions de l'Homme, j'étais sûr d'avoir trouvé le bon filon. Je me voyais déjà comme le capitaine Bonhomme en train de raconter mes aventures extraconjugales avec la princesse de Monaco, Bo Derek ou Gina Lollobrigida... Mon éditeur, apparemment, ne voyait pas les choses du même œil.

— Comment? me dit-il lorsque j'ai commencé à lui parler de mon idée. Mais voyons, Monsieur Latulippe, vous ne pouvez pas mentir dans votre autobiographie!
— Ah non?
— Mais non, c'est hors de question.
— Pourquoi?
— Parce que ça ne se fait pas, tout simplement. Il faut que vous racontiez la vérité, toute la vérité et rien que la vérité.
— C'est pas un livre, ça, c'est un procès...

J'ai essayé de lui faire comprendre que d'ordinaire, quand on engage un acteur, c'est pour tout sauf pour l'entendre dire la vérité. On lui demande au contraire de dire des choses qu'il ne pense pas et de faire partager au public des émotions et des sentiments que lui-même, au départ, ne ressent pas. On le maquille, on lui fait porter une moustache, une perruque et des lunettes. On teint ses cheveux pour le vieillir ou pour le rajeunir et on lui demande, à la fin, d'être le plus naturel possible. Mais jamais on ne lui demande de dire la vérité. Au contraire, plus l'acteur ment et mieux il ment, meilleur il est et plus on l'aime...

De toute façon, même si j'acceptais d'écrire le livre en disant la vérité, toute la vérité et rien qu'une pincée de menteries pour l'agrément, il resterait encore à savoir quel type de livre ce serait.

— Pourquoi pas un livre de blagues? Il n'y a rien que j'aime mieux que raconter des blagues.
— Mais non, voyons! Puisque je vous dis que nous voulons que vous écriviez votre vie.

Décidément, on n'en sortirait pas. Mais je ne me sentais toujours pas capable d'écrire le genre d'autobiographie qui commence par: «Je suis né à tel endroit, tel jour de tel mois en telle année», et qui finit, trois cents pages plus loin, par quelque chose comme: «Me voici arrivé au bout de mon périple. Le navire est au quai. Ben chanceux, y a rien de cassé...» Imaginez: toute une vie à raconter, comme une mer à traverser, sans cartes ni boussole...

— Alors il vous faut un plan, dit mon éditeur.
— Un plan?
— Mais oui. Un plan sur lequel vous commencez par noter les grands moments de votre vie, puis les petits, puis les détails, puis les grands sentiments, puis les petites impressions, etc. Ensuite vous n'avez plus qu'à suivre le plan.
— Suivre le plan?
— Parfaitement.
— Sans improviser?
— Non.
— Jamais?
— Jamais.
— C'est interdit?
— Strictement interdit.
— Alors si je vous comprends bien vous me demandez, à moi qui suis un acteur et un comique de burlesque par-dessus le marché, d'écrire un livre dans lequel je ne pourrais ni raconter des blagues, ni mentir, ni improviser?
— C'est cela.

— Alors j'accepte!

Bien sûr, j'exagère un peu. Cela ne s'est pas passé exactement comme ça. J'ai tellement l'habitude de mentir — jamais dans le but d'induire en erreur mais toujours pour le *fun,* pour jouer des tours, pour rire et pour faire rire — que j'en suis moi-même au point où je ne sais plus très bien faire la différence, dans mes propres histoires, entre le vrai et l'inventé.

Quoi qu'il en soit, il y a au moins une raison pour laquelle l'idée d'écrire ce livre m'a semblé opportune. C'est que le Théâtre des Variétés, fondé en 1967, fêtera ses trente ans d'activité à peu près au moment où le livre devrait paraître. (Sans compter que j'aurai moi-même soixante ans cet automne, mais ça c'est une autre histoire. Moi je suis comme le bon vin: je m'améliore avec l'âge. D'ailleurs quand j'ai dit à ma femme qu'il serait temps qu'elle commence à me traiter comme un bon vin, c'est ce qu'elle a fait: elle m'a enfermé dans la cave...) Quand je pense à ce théâtre, j'ai tant de souvenirs qui affluent que le plus difficile sera sans doute d'y mettre un peu d'ordre. Encore en ce moment, je n'ai qu'à fermer les yeux pour voir défiler Manda, Olivier Guimond, Paul Desmarteaux, La Poune et les autres, tous ces grands noms qui étaient aussi les plus simples et les plus humbles. Si j'arrivais à les faire revivre dans ces pages ne serait-ce qu'un tout petit peu, je crois que j'aurais atteint mon but. Après tout, ce théâtre et ces artistes font aussi partie de ma vie...

Cela dit, s'il y a des gens qui me font assez confiance, depuis toutes ces années, pour venir au théâtre et me laisser le soin de meubler leur soirée, j'imagine qu'il s'en trouvera parmi eux qui me feront encore confiance et qui voudront bien passer quelques heures à me lire. Alors je veux bien, pour eux, pour vous, essayer de raconter ma vie à ma manière, c'est-à-dire sans carte et sans boussole, sans morale et sans arrière-pensée... avec un sourire.

Première partie
Élevé dans les vis et les clous

Naître à vingt et un ans

Dans la vie, dans toutes les vies, il y a des jours importants et des jours qui le sont moins, des jours où il arrive plein de choses et d'autres où on dirait qu'entre le lever et le coucher du soleil, rien mais alors absolument rien n'a changé. Ces jours-là, qui vont et viennent sans qu'on les voie passer, il est normal qu'on les ait vite oubliés. Et à la fin, si on faisait le compte avant de mourir, j'imagine qu'on obtiendrait infiniment plus de jours insignifiants que de jours importants.

Mais les jours importants, comment se fait-il qu'on ne s'en souvienne pas? Ou qu'on ne sache pas immédiatement qu'ils sont importants? Comment se fait-il que la journée passe sans qu'on se rende compte que la vie a changé? Moi par exemple, je ne me souviens pas de la journée où j'ai rencontré pour la première fois Marcel Gamache, qui allait devenir mon meilleur ami et plus encore, comme un deuxième père. Même chose pour Olivier Guimond, qui était pourtant une sorte d'idole mais que je ne me souviens pas d'avoir salué, d'avoir regardé dans les yeux une première fois.

Un jour vous rencontrez une femme qui va entrer dans votre vie et qui n'en sortira plus, qui va vous donner un enfant, avec qui vous allez vouloir vivre et vieillir. Comment se fait-il qu'une journée aussi importante que celle-là puisse passer sans qu'on s'en rende compte? Et pourtant, c'est le genre de choses qui arrive à tout le monde. Sur le coup on croit que c'est une journée comme les autres mais ce n'est pas vrai, ce n'était pas une journée comme les autres, et c'est plus tard qu'on se dit: «Bon Dieu! si j'avais su j'aurais fait plus attention. J'aurais pu me rappeler son parfum, son regard, ses paroles...»

Il y a aussi des jours terribles, des jours noirs, des jours où le téléphone sonne, on va répondre sans se méfier et la voix au bout du fil vous dit: «Untel est mort.» Le soleil s'est levé ce matin-là comme tous les autres matins et il va se coucher le soir comme tous les autres soirs et pourtant non, pourtant ce n'est pas une journée comme les autres...

C'est peut-être pourquoi, quand on me demande ma date de naissance, j'ai toujours un moment d'hésitation. Je sais que si je dis le 1er avril 1959 — ce qui me donnerait trente-huit ans cette année — les gens vont penser que je suis un sapré menteur, que je me paye leur tête ou bien que j'ai perdu la mienne! Mais si je dis le 31 août 1937, ainsi qu'il est écrit dans les registres de l'église Saint-Eusèbe, c'est à moi-même que j'ai l'impression de mentir. Pourquoi? Parce que quand on vient au monde, on est totalement inconscient. On vit, on respire, mais on n'est pas encore éveillé, on n'a pas encore conscience de vivre. Tandis que le 1ᵉʳ avril 1959, à vingt et un ans, j'étais pleinement conscient de ce que je faisais. Je savais en me levant ce matin-là que la journée qui venait ne serait pas comme les autres, et en me couchant le soir je savais que je n'étais plus le même homme. Je savais ce que j'allais faire de ma vie, ce qui allait lui donner un sens. Je savais que je venais de naître pour de bon.

Que s'était-il passé de si extraordinaire?

Imaginez une pièce immense: dix-sept comédiens, pour la plupart aussi inexpérimentés que moi, dont Yvon Deschamps, Jean-Louis Millette, François Tassé et d'autres jeunes, qui se partagent cinquante-sept rôles. (Je jouais un simple d'esprit, un bandit et un policier. Un peu plus et je m'arrêtais moi-même!) C'est *La Bande à Bonnot,* comédie d'Henri François Rey mise en scène par Paul Buissonneau, qui était présentée ce soir-là à la Comédie canadienne dans le cadre du Festival d'Art dramatique de Montréal.

Imaginez: des heures et des heures de répétition pour une seule et unique représentation; le rideau s'ouvre et dans la salle remplie à pleine capacité, mille deux cents spectateurs retiennent leur souffle, vous attendent, vous épient; et c'est à toutes fins utiles la première fois que vous montez sur une scène!

Imaginez encore un espace complètement nu avec en arrière-plan une toile blanche, comme un écran de cinéma; et sur cette toile mais par-derrière, donc derrière la scène, un projecteur fait apparaître des ombres, des silhouettes qui représentent tantôt des personnages, tantôt des éléments de décor comme des voitures, des lampadaires, des façades de maison. Les autres décors, c'étaient les acteurs qui les apportaient sur scène entre chaque tableau. Si l'action se passait dans une chambre et qu'on avait besoin d'un lit, il y avait quatre acteurs postés aux quatre coins du lit qui profitaient du black-out pour transporter le meuble avec eux. Quand les lumières s'allumaient on commençait à jouer, quand elles s'éteignaient chacun empoignait une patte et on ressortait en vitesse pendant que d'autres entraient avec des chaises, des tables, etc.

Or cette toile de fond, devant laquelle les acteurs évoluaient parmi les ombres et les objets concrets, ajoutait à toute la pièce une dimension extraordinaire. Parce que les ombres pouvaient bouger, grandir ou rapetisser à volonté. Il y avait par exemple, à un moment donné, une poursuite en voiture impliquant la police et les bandits de la bande à Bonnot. Pour cette scène, on avait installé des planches de bois sur lesquelles on faisait rouler, juste devant le projecteur, des voitures miniatures. Mais ces voitures, une fois projetées sur la toile, paraissaient aussi grosses que des vraies. De sorte que le spectateur pouvait avoir l'illusion qu'une véritable poursuite, avec accident et tout, se déroulait à toute vitesse juste derrière la toile!

On ne jouait pas toujours sur scène, parfois on jouait derrière. Quand Bonnot se rend compte qu'il a été trahi, par exemple, et qu'il démasque le coupable, lui et sa bande sont derrière l'écran. Seul le traître est sur scène. Alors quand il essaie de s'expliquer, de se disculper, en réalité c'est un être en chair et en os qui s'adresse à des ombres. Des ombres avec qui il est impossible de discuter, qui sont littéralement inatteignables. Pour le spectateur, cette scène prenait des proportions époustouflantes! Juste avant d'être abattu, quand il sait que tout est perdu, le traître se tourne une dernière fois vers le reste de la bande et fait de grands gestes désespérés, les suppliant de l'épargner, mais puisqu'il tente de s'accrocher à des ombres tout le monde voit et sent dans ses tripes que c'est inutile. Je dis «pour le spectateur» mais c'était aussi étourdissant pour les acteurs. D'autant que pour donner l'illusion de reculer, quand on joue en projection, il faut s'avancer, et pour avancer il faut s'approcher du projecteur, donc reculer!

Dans la salle, à la fin de la représentation, les gens ordinaires aussi bien que les critiques et les gens de métier étaient restés estomaqués. Personne n'avait jamais rien de vu de pareil. Même l'adjudicateur, qui dans ce genre de festival est la personne chargée de décerner les prix, avouait candidement qu'il n'en revenait pas!

N'oubliez pas que c'était pour moi — et pour beaucoup d'entre nous — un tout premier spectacle. Mais alors quel spectacle! Quelle expérience! Non seulement de jouer une première fois devant un public mais de jouer trois rôles, dans trois costumes différents, sans oublier de transporter les meubles et d'avancer quand il faut reculer, de reculer quand il faut avancer, etc.

Et puis, aussi extraordinaire à mes yeux que le spectacle lui-même, il y avait ce premier contact avec le public. Cette mer de monde qui respire d'un même souffle dans le noir de la salle, qui se nourrit de toi comme si c'était une bête féroce capable de te dévorer au moindre faux pas. En revanche, la moindre réaction positive de sa part, le moindre rire, le moindre soupir te transporte de joie. C'est une sensation fantastique. C'est une drogue dont on ne veut plus, dont on ne peut plus se passer.

Que dire de plus? J'avais vingt et un ans. J'avais le choix entre une carrière de comédien et la quincaillerie de mon père. Qu'auriez-vous fait à ma place? De toute façon, comme il arrive très souvent dans la vie, je n'ai même pas eu à choisir. C'est qu'il y avait ce soir-là dans l'assistance un spectateur très attentif. C'était Gratien Gélinas. À l'époque, il s'apprêtait à monter *Bousille et les justes* et il cherchait un jeune pour interpréter le rôle du frère Nolasque...

Mais avec *Bousille,* on entre déjà dans un autre chapitre de ma vie et il vaudrait peut-être mieux, tout bien considéré, commencer par le commencement.

Blanche et Eugène

Les personnages:
Les parents:
Mon père: Eugène Latulippe, quincaillier, époux et père de famille; né à Montréal le 4 juillet 1904, fils de Jos Latulippe et d'Emma Laliberté

Ma mère: Blanche Fournier, épouse du précédent, mère de famille et femme au foyer; née à North Attleboro, Mass., le 4 septembre 1908, fille de Rosina Graham et de William Fournier

Les enfants:
Mon frère: Bernard, de deux ans mon aîné, petit garçon tranquille, studieux et réservé

Moi: Petit garçon pas du tout tranquille, espiègle, rieur, joueur de tours, etc.

Le décor: Le Montréal des années trente et quarante, dans l'est de la ville. Une quincaillerie de la rue Rouen avec, au-dessus du commerce, deux étages dont le premier est occupé par la famille et le second est loué.

Mon père et ma mère n'avaient pas grand-chose en commun, je dirais même qu'ils étaient tout le contraire l'un de l'autre. En fait, mon père détestait tout ce que ma mère aimait et vice versa ou à peu près: tout ce que mon père aimait laissait ma mère passablement indifférente. Quand on dit que les contraires s'attirent et se complètent, on pourrait presque ajouter: comme Blanche et Eugène...

Ma mère aimait rire. Elle aimait les fêtes. Elle aimait rencontrer des gens, s'amuser, placoter, magasiner. Elle était toujours pleine de pep, toujours prête à sortir, à monter en voiture, en train ou en avion, et le plus beau c'est qu'elle a gardé toute sa vie le même entrain et la même énergie.

Mon père était un homme discret, casanier, qui ne parlait pas, ne se confiait pas. Il n'aimait pas sortir ni recevoir du monde et il détestait par-dessus tout les fêtes! C'était un homme complexe qu'on ne pourrait pas définir en un seul mot: il était sérieux en affaires sans être attaché à l'argent; il était routinier comme pas un mais pas du tout réfractaire au changement; autant il pouvait être impatient quand les choses n'allaient pas à son goût, autant il était patient quand il s'agissait de servir les clients ou d'amuser les enfants.

Mon père n'est jamais allé magasiner de sa vie. Parole d'honneur! Le seul magasin dans lequel il ait jamais mis les pieds, c'est le sien: la *Ferronnerie Jos*

Latulippe. Il y avait un tailleur qui tenait boutique sur la rue Rouen, un monsieur Mathieu, chez qui mon père faisait faire tous ses habits. C'était tout près, à deux pas de chez nous, il suffisait de traverser la rue. Eh bien, c'est le tailleur qui se déplaçait!

> *Ma mère (faisant semblant de rien):* Sais-tu, Eugène, ton habit commence à être pas mal usé.
> *Mon père (la voyant venir):* Si tu le dis, Blanche, je te fais confiance...

Alors Mathieu venait prendre les mesures dans l'arrière-boutique de la ferronnerie, puis ma mère traversait chez lui afin de choisir les tissus, les coupes et les motifs. Ensuite Mathieu revenait pour la séance d'essayage et plus tard, quand c'était prêt, ma mère allait chercher l'habit, payait la facture et tout le monde était content: Mathieu avait fait une vente, ma mère était sûre que ce serait à son goût et mon père n'avait pas trop perdu de temps! Jamais il n'a discuté les choix de ma mère. Tout ce qu'elle lui rapportait des magasins lui convenait toujours parfaitement, chemises, vestons, cravates, bas, souliers, etc. Pourvu que ce soit au goût de ma mère, pour lui c'est tout ce qui comptait.

Mon père était un homme d'habitudes, de routine, et l'une de ses habitudes préférées, qui était peut-être aussi sa seule passion, c'était le sport. Longtemps avant qu'on ait inventé l'expression, il était le type même du sportif de salon. Il écoutait tous les matchs à la radio et il ne ratait jamais une émission des *Amateurs de sports,* à CKAC, avec Zotique Lespérance. Plus tard, quand la télévision est arrivée, il n'aurait pas fallu qu'il manque un match de boxe, les séries mondiales de baseball ou la Soirée du hockey. Je me souviens encore comme d'une chose très drôle du soir où l'on diffusa à la télévision un combat de championnat que mon père n'aurait pas raté pour tout l'or du monde. Pour une rare fois ce soir-là, il avait quitté la quincaillerie plus tôt qu'à son habitude; en arrivant, il s'était préparé un petit lunch en vitesse et il avait décidé, pour être sûr de ne rien perdre du combat, d'aller manger devant la télévision. Malheureusement, le combat allait commencer quand il s'est mis en tête que son bonheur serait complet s'il avait aussi quelque chose à boire. Le temps de se rendre à la cuisine et d'en revenir avec un café, la cloche avait sonné le début du combat: pif! paf!, il y avait eu knock-out, l'arbitre avait compté jusqu'à dix, et mon père avait tout raté. Un autre que lui aurait peut-être réussi à voir le comique de l'affaire mais mon père, qui n'avait aucun sens de l'humour, était en beau joual vert...

Tous les jours, après sa journée de travail, il suivait le même rituel. Il montait dans sa chambre, s'assoyait sur son lit, se déshabillait, enfilait son pyjama puis allait au salon pour écouter la télévision. C'était au tout début de la télévision, il n'y avait que Radio-Canada qui diffusait moitié français, moitié anglais. Alors le choix d'émissions n'était pas toujours conforme aux goûts de mon père... Combien de fois je l'ai vu écouter *L'Heure du concert* d'un bout à l'autre, même s'il détestait ça!

> *Ma mère (de la cuisine):* Qu'est-ce que t'écoutes, Eugène? C'est-tu bon?
> *Mon père (rageant):* Maudit que c'est plate! J'haguis ça! Si tu savais comme j'haguis ça! Et puis c'est long à part ça, ça finit pas!
> *Ma mère (prenant pitié de lui):* Ben oui, Eugène, mais t'es pas obligé de l'écouter si c'est pas bon!

Mais non, il préférait râler toute la soirée!

Sous ce rapport comme en presque toute chose, ma mère était complètement différente. Elle aimait tout ce qui pouvait la faire rire: Jack Benny, les Honeymooners. Et puis elle avait toujours le choix, elle, de fermer la télé si ça ne lui plaisait pas. Elle pouvait sortir, aller voir sa mère, aller voir ses amies, elle avait toujours tout un tas de choses à faire. Tandis que mon père, lui, ne sortait jamais. Il n'avait même pas à sortir pour rentrer chez lui après sa journée de travail, il n'avait qu'un escalier à monter...

Ces différences si frappantes entre mon père et ma mère apparaissent d'une façon presque aussi évidente quand on compare leurs familles respectives. Venus de France, les premiers Latulippe s'étaient installés dans la Beauce. Là, au pays du Père Gédéon, mes ancêtres vécurent des jours tranquilles, prospérèrent et se multiplièrent jusqu'à ce que mon arrière-grand-père, attiré par les promesses de la ville, ne vienne tenter sa chance à Montréal. Il faut croire que l'exemple ne fut pas très suivi puisque encore aujourd'hui, l'annuaire du téléphone de Montréal ne compte qu'une centaine de Latulippe tout au plus.

Je n'ai pas connu Jos Latulippe, mon grand-père, qui est mort avant ma naissance. D'après ce qu'on m'a dit, c'était un homme discret qui ne parlait pas beaucoup plus que mon père, ne se confiait pas davantage. Ma grand-mère Latulippe a vécu plus longtemps. Quand j'étais petit, elle habitait encore avec les plus jeunes de ses filles dans un appartement de la rue Frontenac. J'aimais beaucoup cette grand-mère qui était toujours très douce, gentille, tendre et généreuse. Mais je dois dire que je n'ai jamais eu avec elle le même genre de relation qu'avec ma grand-mère maternelle. C'est que les Latulippe étaient des gens réservés, indépendants les uns des autres, qui ne se fréquentaient pas beaucoup. Même nous, qui habitions pourtant tout près de chez elle et qui l'aimions beaucoup, ne rendions visite à ma grand-mère que deux fois par année: pour la fête des Mères et pour le dîner du jour de l'An.

Ces jours-là, par contre, il y avait foule chez ma grand-mère. Il faut dire qu'elle avait eu plusieurs enfants (dix-huit grossesses en dix-neuf ans de mariage!), dont la plupart avaient survécu, s'étaient mariés et avaient maintenant leurs propres enfants. Ça en fait du monde au salon, autour de la table, tous ces oncles et toutes ces tantes, tous ces cousins et cousines qui devraient avoir tant de choses à se dire. Et pourtant, ça ne levait pas... C'étaient des gens bien, je n'ai rien à leur reprocher, mais c'étaient des gens sérieux, des gens qui ne s'amusaient pas beaucoup. Quoi qu'on fasse, on n'arrivait pas à mettre de l'action, à éveiller l'esprit de la fête...

La famille de ma mère fait partie de ces milliers de Canadiens français qui, vers le milieu du dix-neuvième siècle, furent contraints d'émigrer pour trouver du travail dans les usines de textile de la Nouvelle-Angleterre. Ma mère elle-même, sa sœur et ses deux frères sont nés là-bas et ils y seraient peut-être restés si mon grand-père n'était pas décédé alors qu'ils étaient encore en bas âge. Veuve et sans argent, avec quatre enfants à élever, ma grand-mère décida alors de revenir s'installer à Montréal pour se rapprocher de sa parenté. Quelques années plus tard, elle s'est remariée avec un homme de Montréal, nommé Damas Gagnon, qui à son tour est mort quand j'étais encore enfant. Voilà pour la petite histoire.

Dans la famille de ma mère, en comparaison avec le sérieux qui régnait chez les Latulippe, il fallait moins d'une seconde pour que la fête commence. Tout le monde aimait rire, tout le monde faisait plein de folies, et ça ne datait pas d'hier: du temps de la jeunesse de ma mère, il paraît que les partys étaient si nombreux chez ma grand-mère qu'un nouveau prélart durait environ deux mois! Tout était prétexte à faire la fête: Noël, le jour de l'An, l'anniversaire des enfants, l'anniversaire des voisins, la Sainte-Catherine, les Saints Innocents, les baptêmes et les enterrements pareillement. Quelqu'un perdait son dentier, il fallait fêter ça: les filles invitaient leurs cavaliers, mes oncles amenaient leurs blondes, tout le monde racontait des histoires, dansait, chantait... Imaginez quand on retrouvait le dentier!

Pour vous donner une idée du genre d'humour, ou du genre d'«esprit» (c'est le cas de le dire) dont on était capable dans la famille de ma mère, il faut que je vous parle des fameuses lettres que mon oncle Léo écrivit à ma grand-mère quelques mois après la mort de son deuxième mari. Dans ces lettres, qui étaient une longue enfilade de gags, c'était comme si le défunt, Damas, écrivait à sa femme depuis le cimetière de l'est, où on venait de l'enterrer. Il lui parlait de ses nouvelles conditions de vie (ou de mort), de la fosse où il était maintenant comme chez lui, des gens qu'il rencontrait et qu'elle avait connus, tous décédés comme de raison: le docteur Martineau, le bonhomme Latulippe, etc.

Dans la première de ces lettres, dont voici un extrait, il est question du party de Noël (encore un party!) qui approche à grands pas:

Écoute là, l'hiver s'en vient, envoie-moi mon coat d'hiver parce qu'il paraît que, pour la Messe de Minuit, ils font ça dehors puis ça sera pas chaud.

J'ai devant moi toutes ces lettres qui datent de l'hiver 1948-1949. Elles sont toutes signées *Damas, cimetière de l'est,* sauf la dernière où Léo finit par avouer: «Faut avoir du temps à perdre pour écrire ça. C'est pas vrai. Signé Léo.» Ma grand-mère n'était pas bête. Elle savait depuis le début que c'était une blague et elle devait bien se douter un peu que ça ne pouvait être que l'un de ses fils qui lui envoyait des lettres pareilles. N'empêche qu'après avoir reçu la première lettre, la pauvre femme était tourmentée... Elle m'a même avoué que dans la semaine qui a suivi, à deux ou trois reprises elle s'est surprise à aller chercher le manteau d'hiver dans le placard!

En principe, donc, mon père et ma mère n'avaient rien en commun sauf une chose très importante: ils s'aimaient, ils aimaient les enfants et ils voulaient fonder une famille. Et puis, leurs différences, ils avaient eu le temps de les apprivoiser bien avant de se marier puisqu'ils se connaissaient pour ainsi dire depuis toujours. Ils avaient grandi côte à côte dans le même quartier, dans la même rue. C'était donc une amitié d'enfance qui à l'adolescence s'était transformée en flirt, puis en fiançailles...

Mariés en 1934, il ont emménagé la même année dans l'appartement au-dessus de la ferronnerie. Je ne sais pas comment ni pourquoi ils s'étaient entendus sur ce nombre mais le fait est qu'ils ne voulaient ni trois ni quatre ni un mais *deux* enfants, et même deux garçons de préférence. En 1935, mon frère Bernard est né; et deux ans plus tard, en 1937, le 31 août plus précisément, c'était mon tour. Leur vœu était exaucé.

De cette journée mémorable, malheureusement, je ne peux rien vous dire parce que je ne me rappelle absolument rien. Je pourrais inventer mais faut quand même pas exagérer. Après tout, il n'y a rien qui presse: j'ai toute la vie devant moi pour inventer des histoires...

Le monde est une ferronnerie

Le juge: Ah! Vous dites que vous avez acheté une hache?
L'accusé: Ouais, une hache.
Le juge: Mais vous avez pas déjà une ferronnerie, vous?
L'accusé: J'ai acheté la ferronnerie en même temps.
Le juge: La ferronnerie au coin de Rouen pis Frontenac?

Extrait de la pièce *Le Juge* dans laquelle Olivier Guimond faisait le juge et moi l'accusé[1].

Quand on est petit, le monde se résume à peu de chose et à peu de gens: son père et sa mère, ses frères et sœurs si on en a, la maison ou le logis dans lequel on vit, les amis, les voisins, les jeux et les jouets préférés, etc. C'est ce qu'on appelle le monde de l'enfance et chacun en a une définition différente selon les

---

1. Faite par l'auteur à partir d'un enregistrement réalisé au Théâtre des Variétés dans les années soixante, cette transcription se trouve dans le livre de Chantal Hébert, *Le burlesque au Québec*, Hurtubise HMH, page 256 et suiv.

conditions dans lesquelles il a grandi. Pour moi qui ai été élevé pour ainsi dire dans les clous et les vis, qui n'avais qu'un escalier à descendre pour aller rejoindre mon père et qu'un escalier à remonter pour retrouver les jupes de ma mère, le monde était une ferronnerie.

Tous mes souvenirs d'enfance tournent autour de la ferronnerie. Tout part de là et m'y ramène. Quand j'étais encore petit, mon plus grand plaisir était de dévaler les marches de cet escalier qui menait directement de l'appartement au magasin, pour ensuite me faufiler entre ses comptoirs remplis de merveilles: vaisselle, bibelots, cadeaux de noce, outils, lampes de poche, batteries de cuisine et jouets par centaines. Dans le temps des fêtes, avec les décorations et les lumières qui vous en mettaient plein la vue, c'est drôle à dire d'une ferronnerie mais elle était absolument féerique!

Encore aujourd'hui, quand j'entre dans une quincaillerie, je me sens un peu comme chez nous. Drôle de coïncidence, pour mon premier rôle dramatique à la télévision, dans *Rue des pignons,* je jouais le fils de Jean Duceppe, le père Lafeuille, qui était... quincaillier! Ma première scène se passait d'ailleurs dans la quincaillerie, où je mastiquais des vitres. Je n'ai pas eu besoin de jouer, je n'ai eu qu'à retourner dix ou quinze ans en arrière...

Même le mot, «ferronnerie», sans doute parce qu'on ne l'emploie plus de nos jours, a le don de me rappeler l'époque et les lieux où j'ai grandi. Dans le Montréal des années trente et quarante, les quartiers populaires de l'est de la ville avaient conservé un petit côté campagnard, du moins dans les mentalités. À Saint-Eusèbe, en tout cas, tous les voisins se connaissaient et s'appelaient par leur nom quand ils se rencontraient à la «grocerie», à la «binnerie» du coin... ou à la ferronnerie de mon père. Et vous aurez remarqué que tous ces petits commerces rimaient avec «crédit». Aujourd'hui, tout le monde a plein de cartes de crédit mais plus personne ne fait confiance à personne. Dans le temps, on faisait confiance... et mon oncle Roméo, le frère de mon père, faisait chaque semaine la tournée des clients pour tâcher de collecter un peu de l'argent qu'on nous devait.

Il faut dire aussi qu'à cette époque quand même pas si lointaine on pouvait encore voir des chevaux dans les rues de Montréal. Il y avait un abreuvoir à cheval juste en face de chez nous, rue Rouen, et un autre dont je me souviens un peu plus loin, sur Frontenac au coin d'Ontario. Je me rappelle un jour en particulier, j'étais assis sur le perron à côté de la ferronnerie, c'était l'hiver, je devais avoir trois ou quatre ans et je regardais passer et repasser les chevaux qui charroyaient la neige. Je ne sais pas pourquoi j'ai conservé ce souvenir mais les chevaux avaient dû m'impressionner avec leur attelage et l'espèce de traîneau rouge fait de gros madriers réunis par des chaînes, ou par des sangles de cuir, traîneau dans lequel la neige s'accumulait et qu'un homme, qui marchait derrière, faisait basculer à l'aide de leviers en arrivant au coin de la rue. Ce n'est qu'une image, au fond, même pas un souvenir comme tel, mais je ne pense pas pouvoir remonter plus loin dans mon enfance...

Un autre souvenir qui me revient et qui doit aussi être parmi les plus vieux: je suis dans le camion de livraison et j'attends mon père qui est en train de se faire couper les cheveux. Mon père détestait conduire. Les seules fois où il prenait le camion c'était pour aller chez son barbier, à quatre ou cinq rues de la ferronnerie. Entre deux livraisons, le chauffeur lui laissait les clés, mon père prenait le volant et on partait tous les deux. Arrivés chez le barbier, souvent je descendais avec lui, souvent aussi, quand il faisait beau, je restais dans le camion. Ce n'était pas très long, un rasage et une coupe de cheveux, et la chaise du barbier était placée de telle façon, juste derrière la vitrine, qu'on pouvait se voir l'un l'autre tout le temps que cela durait.

Le seul problème, c'est que le camion était stationné dans une pente. Or ce qui devait arriver arriva. J'ai dû jouer avec le bras de vitesses, je ne sais pas, mais le camion s'est mis à rouler tout doucement... Je revois encore l'étonnement sur le visage de mon père quand il a compris ce qui se passait! Il avait les joues couvertes de mousse, une grande serviette blanche autour du cou, et il ressemblait à Superman avec sa cape quand il s'est levé d'un bond, les bras en l'air, qu'il est sorti en coup de vent de chez le barbier et qu'il s'est mis à courir comme un fou pour rattraper le camion! Finalement, comme la pente n'était pas tellement forte, il a pu ouvrir la porte et mettre le frein avant qu'il n'arrive quoi que ce soit.

Je ne sais pas trop ce qui s'est passé ensuite. Je ne sais pas si j'ai ri ou si j'ai pleuré, si j'ai eu peur ou non.

Je suppose que mon père, lui, ne l'a pas trouvée drôle mais dans mon souvenir il n'était pas fâché, seulement extrêmement soulagé. De toute façon, mon père aimait tellement ses enfants qu'il ne s'est jamais vraiment mis en colère contre nous. Une chose est sûre, par contre, c'est qu'à partir de ce jour-là, je ne suis plus jamais resté seul dans le camion pendant qu'il se faisait couper les cheveux!

Cette époque dont je parle, c'est aussi celle de la Deuxième Guerre mondiale. Bien sûr, j'étais trop petit pour savoir de quoi il s'agissait. Cependant, je voyais ma mère assise à la table de la cuisine en train de découper les tickets de beurre ou de pain et on m'avait expliqué que s'il fallait, ici, se priver de certaines choses, c'est parce que là-bas, en Europe, il y avait la guerre. Mais là encore, quand on mettait la main sur des articles particulièrement rares à trouver, certains clients étaient prêts à nous les échanger contre des tickets de rationnement. De sorte qu'à cause de la ferronnerie, nous avons peut-être moins souffert que d'autres du rationnement.

Durant cette période, mon père a eu des ennuis avec la justice. Parce que l'essence aussi était rationnée, et qu'on n'avait pas le droit de faire une livraison en camion pour un montant inférieur à deux dollars. Or mon père avait permis qu'on livre un sac de ciment d'une valeur de un dollar à une vieille dame et il s'était fait prendre! Appelé à comparaître en Cour, il n'avait pas eu trop de mal à gagner sa cause, le juge avait compris qu'on ne pouvait tout de même pas laisser la vieille dame retourner chez elle avec une poche de cent livres sur le dos!

Tous mes souvenirs d'enfance passent par la ferronnerie mais je me rends compte qu'on ne peut pas parler de la ferronnerie sans parler de mon père. Ce magasin, c'était toute sa vie. C'était peut-être le seul endroit au monde où il était vraiment à son aise. Plus qu'à la maison, plus que dans son propre salon, là on sentait qu'il était chez lui. Même le dimanche après-midi, quand le magasin était fermé et qu'il aurait pu se reposer, il en profitait pour descendre faire ses comptes et se mettre à jour dans ses affaires.

Il s'était aménagé un petit bureau dans le peu d'espace qui restait en dessous de l'escalier et c'est là qu'il s'installait, le dimanche, au milieu de ses piles de papiers, dans le désordre le plus complet. Comment il faisait pour s'y retrouver, c'est un vrai mystère. Il y avait des papiers partout, des sacs de clous, des toasters, des lampes, un fer à repasser, un coffre-fort, etc. Un fouillis extraordinaire! Et pourtant, dans ce désordre, il y avait un ordre que lui seul connaissait. Si on lui demandait de retrouver une facture en particulier, soit pour le mettre au défi soit parce qu'on en avait vraiment besoin, il étendait le bras, plongeait la main dans ses piles de papiers et en ressortait moins de deux secondes après avec la facture en question. Ou bien il réfléchissait quelques instants: «Thibaudeau, tu dis? Attends une minute...» Il se levait, allait dans un coin de la pièce, soulevait une lampe ou un fer à repasser et comme de raison la facture de Mme Thibaudeau était là, à sa place...

Ces dimanches après-midi à la ferronnerie, mon père ne les passait pas toujours seul cependant. Avec sa permission, il m'arrivait d'inviter quelques petits copains à venir jouer. Il suffit d'un revolver-jouet et d'un peu d'espace pour que les enfants s'imaginent en plein Far West, entourés de cactus et d'Indiens. Imaginez la joie de ces mêmes enfants quand ils ont deux étages pour jouer et la possibilité de se cacher dans tous les coins. Imaginez quand ils trouvent sur une tablette du magasin, à portée de la main, non pas un ou deux mais une cinquantaine de revolvers et toute une batterie d'autres jouets. Ce n'est plus de la joie, c'est du délire!

Imaginez maintenant la patience d'ange dont mon père devait faire preuve avec tous ces gamins turbulents qui allaient et venaient dans tous les sens pendant qu'il essayait de se concentrer... Évidemment, dans un magasin, les obstacles sont nombreux et il y avait toujours le danger que l'un de nous se blesse en tombant, en heurtant une étagère ou en trébuchant quelque part. Une certaine surveillance était donc obligatoire. C'est pourquoi mon père, quand il se rendait compte que nous dépassions les bornes, sentait le besoin de nous occuper un peu à sa manière.

Il avait inventé un jeu, le jeu du petit verre de «liqueur» Jumbo. Il commençait par nous offrir à tous une grosse bouteille de cette boisson gazeuse puis il en remplissait un tout petit verre, un verre à gin qu'il allait cacher quelque part dans la ferronnerie. À chacun sa chance, disait-il! Celui qui trouverait le verre aurait le droit de le déguster. Tel était l'enjeu, et c'était d'autant plus niaiseux que pendant tout le temps qu'on cherchait, la bouteille géante trônait sur la table, à la portée de tous. Mais non, c'était le petit verre caché qui nous intéressait.

Bien sûr, les premières fois il n'avait pas caché le verre bien loin afin qu'on puisse le trouver aisément, mais plus le jeu se répétait et plus l'appât était dissimulé dans des endroits difficiles à repérer. Nous mettions parfois une demi-heure, parfois plus d'une heure à le dénicher, et pendant ce temps mon père en profitait pour travailler en paix. Mais il arriva un jour qu'au bout d'une heure, deux heures, trois heures, le petit verre demeurait introuvable. Nous avions cherché partout, dans tous les recoins du magasin, et mon père, pour une fois, avait pu terminer sans interruption tout son travail de la journée. Où l'avait-il caché, le fameux petit verre?

Il avait triché, il l'avait mis dans le coffre-fort... Mais on s'était bien amusés. Je dirais même que ç'a été le plus drôle de tous nos dimanches après-midi!

Quand j'ai eu l'âge d'aller à l'école, le monde a changé. Le petit cercle qui le délimitait s'est élargi pour englober d'autres lieux, d'autres visages. Mais tous les jours, dès que l'école finissait, je venais travailler à la ferronnerie. Je faisais l'inventaire, je remplissais les tablettes, j'allais faire des livraisons avec le chauffeur. Petit à petit, j'en suis venu à connaître les rouages de l'affaire et je me suis passionné plus particulièrement pour tout ce qui touchait à l'électricité. Quand j'ai eu quinze ans, mon père a décidé de prendre le deuxième étage de la maison pour agrandir le magasin. Alors on a fait venir un maître électricien avec qui j'ai travaillé tout un été à filer les murs et à compléter tous les travaux d'électricité. J'adorais ça, je voulais devenir électricien.

Vers le même âge, j'avais installé de la lumière sur la grande galerie qui donnait sur la ruelle, à l'arrière du magasin. Le soir, souvent, toute une bande de gars se retrouvait sur cette galerie illuminée au deuxième étage de la maison. Il y avait des voisins, des copains de l'école, mon frère Bernard et moi sans oublier mon cousin Reynald, le fils de ma tante Alice, la sœur de ma mère. C'étaient les mêmes avec qui, à quatre ou cinq ans, on jouait dans la ruelle derrière chez nous. Les mêmes avec qui on allait acheter des bonbons à la «cenne» au magasin du coin: boules noires, cigares de réglisse, lunes de miel, etc. Les mêmes avec qui on jouait au cow-boy entre les rayons de la ferronnerie quand le magasin était fermé le dimanche, pendant que mon père faisait ses comptes. On avait quinze, seize ans maintenant. On parlait de l'école, peut-être un peu des filles et de ce qu'on allait faire plus tard mais on parlait surtout de hockey, de baseball, de tous les sports qu'on aimait pratiquer. Les temps avaient changé mais on se retrouvait toujours au même endroit...

Je suis né au-dessus de la ferronnerie et j'ai grandi en regardant mon père travailler, ç'a été ma première éducation: comment servir les clients, comment s'assurer qu'ils soient toujours satisfaits. S'il arrivait quelquefois que mon père se fâche ou perde patience, c'était justement parce qu'il prenait toujours le parti des clients. S'il apprenait par exemple qu'un de ses employés avait refusé de reprendre un article défectueux ou brisé en disant qu'il n'y pouvait rien, alors mon père s'en mêlait. Jamais il n'a congédié quelqu'un sur un coup de tête, mais il fallait que tous ses employés partagent sa façon de faire et de penser. Il fallait toujours que le client ait l'impression d'être la personne la plus importante dans le magasin. Il fallait qu'il en sorte avec le sourire et l'envie d'y revenir.

Vous admettrez que pour un futur propriétaire de théâtre, ce n'étaient pas de mauvaises leçons à apprendre!

Quinze ans de prison

Pour quelqu'un qui voulait s'inventer une enfance à la *Aurore l'enfant martyre,* j'ai l'impression que je ne fais pas un très bon travail. Que voulez-vous, je n'ai gardé que des souvenirs heureux. Mon frère et moi avons grandi dans la joie, au sein d'une famille unie et avec des parents qui ont fait tout ce qu'il fallait pour nous donner un bon départ dans la vie. Mes seuls mauvais souvenirs, et mes parents n'y sont pour rien, c'est la maladie de Bernard, qui souffrait de diabète juvénile, et l'école... J'ai profondément, viscéralement haï l'école du premier jour jusqu'au dernier et cela sans aucune sorte d'exception.

Le pire, c'est que j'avais hâte d'aller à l'école. Je veux dire, avant d'y être allé... Vers quatre, cinq ans, j'écoutais à la radio l'émission *Le Ralliement du rire* durant laquelle des gens comme Marcel Gamache, Ovila Légaré et Gérard Delage venaient raconter des histoires que je trouvais toujours très drôles. Ces histoires, je pouvais ensuite les raconter à mon tour mais il y en avait tellement que je ne pouvais pas toutes les mémoriser. Et même celles que j'arrivais à me rappeler pendant quelques jours finissaient par sombrer dans l'oubli à mesure que j'en apprenais de nouvelles. Aussi, je me disais: «Câline! Si je savais écrire, je pourrais m'en souvenir, je ne les oublierais plus.» Pour cette raison — et pour cette seule raison —, j'avais hâte qu'on m'apprenne l'alphabet. Mais dès que j'ai su écrire au moins phonétiquement, assez pour transcrire les histoires que j'entendais et pour être à même de les relire le lendemain, je n'ai plus voulu qu'on m'apprenne quoi que ce soit. Il me semblait que l'école n'avait plus rien à m'offrir... sauf une immense perte de temps.

Je n'exagère pas. Déjà en première année, je passais de grands moments à regarder par la fenêtre en me disant: «Mais qu'est-ce que j'ai fait pour mériter ça?» Dehors il y avait des gens qui se promenaient dans la rue. Ils étaient libres, ils allaient et venaient sans que personne ne leur dise quoi faire. Ils menaient leur vie comme bon leur semblait. Oui, ils étaient libres... et moi pas.

Il y a des gens qui commencent à ressentir ce besoin de liberté vers l'âge de quinze ou seize ans. On appelle ça la crise d'adolescence. Moi, dès l'âge de six ans, je voulais vivre ma vie, prendre mes affaires en main. Je regardais par la fenêtre et je ressentais comme une grave injustice le fait d'être emprisonné dans cette classe pendant que d'autres, à l'extérieur, faisaient ce qu'ils voulaient de leur vie. Et je savais que j'en avais encore pour une quinzaine d'années. Quinze ans d'école! C'était comme quinze ans de prison, ni plus ni moins.

Dans toutes les classes, il y avait des fougères suspendues au plafond... À présent, je ne peux plus supporter la vue des fougères! Il y avait aussi dans les classes et dans les corridors des lampes munies de globes au verre dépoli. L'hiver, à mesure que les jours raccourcissaient, on allumait les lumières de plus en plus tôt... Alors je regardais par la fenêtre, puis je regardais les fougères et les globes allumés... Soudain le professeur m'interrogeait:

Le frère: Latulippe!! Pouvez-vous me dire où est situé le mont Ararat?
Moi: Euh... Quoi? Euh... Ah... Euh...
Le frère: Latulippe!! Pouvez-vous m'épeler le mot chameau?
Moi: Chamo, c.h.a.m.o., chamo.

Qu'est-ce que je m'en foutais, moi, du mont Ararat! Et puis, entre vous et moi, quand on raconte une histoire à haute voix, «chameau» n'est pas plus drôle que «chamo». Mais essayez donc de faire comprendre ça à un frère du Sacré-Cœur! Alors je répondais n'importe quoi juste pour faire rire les copains mais intérieurement je me disais: «Qu'est-ce que je fous là? Non mais qu'est-ce que je fous ici pour l'amour du bon Dieu?»

J'ai dit plus tôt que je pensais devenir électricien et c'est partiellement vrai. J'aimais l'électricité et si un jour, comme tout semblait m'y destiner, j'avais pris la relève de mon père à la ferronnerie, cela m'aurait été très utile. Cependant, pour être tout à fait honnête, j'ai toujours su ce que je voulais vraiment: je voulais faire rire. J'avais découvert très tôt que j'avais un certain talent de comique et surtout j'avais la chance d'être entouré de gens comme mes oncles Léo et Lewis, comme ma mère et ma grand-mère Gagnon, qui aimaient rire autant que moi et qui ne m'ont jamais empêché de faire le pitre, bien au contraire.

J'ai déjà parlé de mon oncle Léo, dont la correspondance avec ma grand-mère était un bel exemple d'humour noir. Mon oncle Lewis, lui, pratiquait un autre genre d'humour, peut-être plus proche du burlesque. À la Mac Donald Tobacco, où Lewis occupait un poste dans l'équipe de direction, on procéda un jour à l'installation d'un dispositif de protection contre les incendies. Pour s'assurer que tous les gicleurs seraient disposés en ligne droite, l'ouvrier qui vissait les tuyaux au plafond, juché sur un escabeau, était aidé par un autre ouvrier qui, d'en bas et jouissant d'une meilleure perspective, le guidait en lui disant d'aller à droite, à gauche, encore à droite, encore un pouce, et ainsi de suite. Pour une raison quelconque, cet ouvrier dut s'absenter quelques instants et c'est mon oncle qui prit sa place... Quant on connaît Lewis, le reste de l'histoire est facile à deviner. Juste pour rire, il fit poser les tuyaux de façon qu'ils tracent des courbes, des diagonales, n'importe quoi sauf des lignes droites. Et le pauvre ouvrier, naturellement, qui travaillait le nez collé au plafond, ne se doutait de rien!

Lewis était un fameux joueur de tours. Rien ne l'arrêtait, ni le sérieux ou la gravité des circonstances, ni le lieu où il se trouvait, ni le prestige ou l'importance de ses victimes. Même malade, cloué au lit dans une chambre d'hôpital, il n'hésita pas à faire venir l'infirmière quand il entendit à la radio l'indicatif sonore d'une émission fort connue à l'époque, *Le Thé dansant*. À l'infirmière, Lewis annonça qu'il se sentait au plus mal, qu'il fallait prévenir le médecin de toute urgence. Comme le médecin en question n'était pas sur l'étage, on entendit bientôt sur tous les haut-parleurs de l'hôpital: «Attention, le docteur X est demandé à la chambre 305. Attention, le docteur X est demandé d'urgence à la chambre 305.»

Peu de temps après, croyant qu'il s'agissait vraiment d'un cas grave, le docteur entra en coup de vent dans la chambre de Lewis, le stéthoscope au cou, prêt à intervenir.

Le docteur: Que se passe-t-il, Monsieur Fournier? Ça ne va pas?
Lewis: Docteur, entendez-vous ce qui joue à la radio?
Le docteur: Oui.
Lewis: Et vous savez comment ça s'appelle, cette émission?
Le docteur: Oui, c'est *Le Thé dansant*.

> *Lewis (qui venait de recevoir sa collation, en tendant sa tasse de thé au docteur):* Regardez donc le mien, docteur, pensez-vous qu'il est assez fort pour danser?

Pour un enfant comme moi, vous pensez bien que des histoires pareilles valaient de l'or. Quand on joue un tour à quelqu'un, dans le fond on n'est pas très loin du théâtre. Il faut mentir et faire croire à une situation qu'on a créée de toutes pièces. De plus, il faut avoir un bon timing et savoir s'arrêter juste au bon moment, ni trop tôt ni trop tard. Pour ma part, je suis parfaitement incapable de résister à la tentation de jouer un tour quand l'occasion se présente. C'est plus fort que moi. Et ce goût, qu'avaient en commun à peu près tous les comiques avec qui j'ai travaillé, m'est venu très, très tôt dans la vie.

Ma mère et ma grand-mère Gagnon étaient mes victimes favorites. En fait, elles étaient le meilleur public dont un comique puisse rêver. Elles aimaient rire et elles participaient avec autant de plaisir l'une que l'autre à toutes mes folies. J'étais un petit garçon tannant, espiègle, dérangeant, à qui ces deux femmes ont fait l'immense cadeau de l'encourager dans cette voie au lieu de chercher à le corriger.

Ma grand-mère Gagnon habitait tout près, au coin de Frontenac et Hochelaga, et j'ai passé mon enfance à faire la navette entre chez elle et chez nous. J'y allais presque tous les jours, en allant ou en revenant de l'école,

Eugène, mon père, et Rosina, ma grand-mère maternelle.

Avec ma mère et mon frère Bernard.

Devant le sapin de Noël, j'avais l'air bien sage… mais ce n'était que pour la photo.

◄ Le jour de ma première communion, l'un des rares événements où je demeurai sérieux comme un pape.

À l'âge de 15 mois.
▼

▲
Mon frère Bernard et moi étions de grands complices.

Avec mon ami André Morin, ▶ qui étudiait aussi au collège Cordeau, et qui allait devenir réalisateur puis directeur du service de variétés à Radio-Canada.

▲
Dans *Pierre et le loup,* un spectacle de La Roulotte.

À mes débuts, avec François Tassé ▶
dans *La Bande à Bonnot.*

◀ Un épisode de la revue *Bleu et Or* où je jouais Dollard des Ormeaux.

◄ Avec Gratien Gélinas, auteur et metteur en scène de *Bousille et les justes*.

Une scène de *Bousille* avec M. Gélinas.
▼

Avec Robert Desroches, au début des années soixante.

▲
Avec François Rozet, qui fut mon professeur et le premier à m'encourager dans mes projets de devenir comédien.

Avec Claude Michaud, Bernard Sicotte et Mlle Lewis.

Wildor, artiste de variétés et spécialiste de la scie musicale.

▲
Dans *La Bande à Bonnot*, avec entre autres François Guiller, Claude Préfontaine et Gilbert Comtois.

◀ Robert L'Herbier, un homme qui joua un rôle important dans la carrière de plusieurs comédiens.

le midi ou le soir. J'ai été très, très près de cette femme. Elle m'aimait, elle me gâtait et je l'aimais aussi fort qu'un enfant peut aimer sa grand-mère... Ce qui ne m'empêchait pas, loin de là, de lui jouer toutes sortes de tours. Une fois qu'elle m'avait laissé seul chez elle le temps d'aller faire je ne sais plus quelle commission, j'avais profité de son absence pour faire le ménage de son frigidaire. J'avais mis toutes les provisions dans des boîtes, la viande, le beurre, le lait et tout, jusqu'à ce que le réfrigérateur soit complètement vide. Ensuite, comme ma grand-mère chauffait au bois, j'étais allé chercher des bûches dans le hangar et j'en avais cordé partout dans le frigidaire. Quand ma grand-mère est revenue, je n'ai pas dit un mot, je suis resté là à lire jusqu'au moment où elle s'est mise en frais de préparer le souper. En ouvrant le réfrigérateur, quand elle a vu tout ce bois, toutes ces bûches parfaitement cordées sur les tablettes, sa surprise a été si grande et elle a trouvé ça tellement drôle qu'elle est sortie sur la galerie pour appeler les voisins: «Venez voir! Venez voir ce que mon fou a fait!»

À la ferronnerie, je me rappelle qu'il y eut un temps où la mode était aux adresses lumineuses. Au lieu des plaques ordinaires, on vendait des petits boîtiers en fer forgé, plats, munis d'une ampoule et d'une plaque vitrée; l'idée étant qu'en arrivant chez soi le soir, on puisse allumer le boîtier et voir le numéro même en pleine noirceur. Pour faciliter le travail des vendeurs, on avait fabriqué des valises à l'intérieur desquelles se trouvaient tous les modèles de boîtiers, carrés, longs, ronds, rectangulaires, triangulaires, etc.; et pour qu'ils puissent faire leurs démonstrations, on m'avait confié à moi le soin d'électrifier valises et boîtiers.

Je suis donc parti avec mon attirail par un bel après-midi et je suis monté chez ma grand-mère, qui était toujours très contente de me voir, toujours prête à m'aider... Le seul problème, c'est que j'avais oublié d'emporter des lumières chandelles, et qu'après avoir vissé toutes mes fixations et relié tous mes fils, je ne pouvais pas tester mes boîtiers. Ils étaient trop minces et tout ce que nous avions sous la main, c'étaient de grosses ampoules rondes. La seule façon de les tester aurait été de mettre le doigt dans la prise, au risque de recevoir un choc électrique... Alors j'ai demandé à ma grand-mère, juste pour voir jusqu'où elle irait:

— Essayez donc, Mémère, mettez donc le doigt dans switch pour voir.

— Quoi? Ah, envoye donc... Aïe!!! Celle-là est bonne.

Puis elle est passée au boîtier suivant:

— Ouch!!! Celle-là est bonne aussi.

Il devait y en avoir une dizaine et elle les a tous testés un après l'autre! Ça n'avait aucun sens mais c'est bien la preuve qu'elle était prête à tout pour me faire plaisir. Et elle-même riait, riait, riait.

Comprenez-vous mieux, maintenant, pourquoi je l'aimais tant?

Ma mère était pareille et je l'ai fait rire aussi très, très souvent. Parmi les tours pendables que je lui ai joués, il y a celui-ci qui me vient à l'esprit. Il faut dire pour commencer que ma mère était orgueilleuse; elle n'aimait pas qu'on la voie décoiffée, démaquillée ou mal habillée. C'est pourquoi, quand des religieuses ont sonné à la porte, un beau matin de bonne heure (à l'époque, les religieuses comme les curés faisaient souvent la tournée des paroisses), ma mère s'est affolée. Elle ne les attendait pas, elle n'avait pas eu le temps de faire sa toilette, alors elle m'a demandé d'aller leur dire qu'elle n'était pas là. Pendant qu'elle allait se cacher dans une autre pièce je suis donc allé répondre et, comme de raison, au lieu de m'excuser poliment auprès des religieuses, je les ai accueillies à bras ouverts:

— Bonjour, mes sœurs! Mais entrez donc, entrez donc, ma mère est pas là pour le moment mais elle devrait revenir d'une minute à l'autre. Venez l'attendre avec moi, je sais qu'elle m'en voudrait si elle savait que je vous ai laissées repartir.

Maintenant, où pensez-vous que je les ai emmenées? Pas besoin d'un cours classique pour deviner: dans la pièce où ma mère se trouvait. Sauf qu'en nous entendant venir, plutôt que d'affronter le jugement des bonnes sœurs, elle avait préféré aller se cacher dans la garde-robe. Je savais qu'elle était là très à l'étroit, avec les manteaux, les cintres, les bottes et les boîtes de chapeaux, et qu'elle devait retenir sa respiration pour qu'on ne l'entende pas. Eh bien, j'ai dû placoter avec les religieuses au minimum une vingtaine de minutes! À la fin je me suis excusé en disant que ma mère était partie pour plus longtemps que je pensais et je les ai reconduites à la porte. Et quand je suis retourné voir ma mère, elle riait encore toute seule dans la garde-robe. Elle avait trouvé ça tellement drôle!

Je pourrais continuer longtemps dans la même veine. Au fond, j'avais avec ma mère une relation beaucoup plus simple qu'avec mon père: elle aimait rire et j'aimais la faire rire, et mes meilleurs souvenirs d'elle seront toujours des tours que je lui ai joués. Pas tellement pour les tours eux-mêmes, d'ailleurs, comme pour sa réaction. Je la mettais dans des situations impossibles et c'est comme si je lui avais fait un cadeau — le plus beau cadeau: je l'avais fait rire...

Tout ça pour dire que je m'ennuyais royalement quand je retournais à l'académie Meilleur, où je retrouvais chaque jour de chaque année les mêmes frères du Sacré-Cœur, le même décor et les mêmes fougères... Plus tard je suis allé au collège Cordeau, rue Ontario, où j'ai suivi durant cinq ans ce qu'on appelait le cours commercial. Avec le temps, on pourrait croire que l'école m'était devenue plus agréable, ou à tout le moins plus supportable... Pantoute! En douzième comme en première année, le cœur n'y était pas. Je m'embêtais toujours autant et j'y allais uniquement pour faire plaisir à mes parents.

De toute façon, si j'avais eu besoin d'une raison pour ne pas aimer l'école, la maladie de Bernard aurait amplement suffi. Bernard est aussi allé à l'Académie ainsi qu'au collège Cordeau, et son diabète ne lui laissait vraiment aucun répit. Au collège, il lui arrivait souvent de s'effondrer sur son pupitre en plein milieu de la journée. On aurait dit qu'il s'était endormi, tout simplement, mais si on n'arrivait pas à le réveiller à temps, très rapidement, il risquait de sombrer dans le coma. Alors ses professeurs venaient me chercher, ils me disaient: «Vite, ton frère est endormi. Il faut faire quelque chose...»

Quand je m'y prenais à temps, avant qu'il ne soit complètement endormi, et que j'arrivais à lui donner à boire ou à manger quelque chose de sucré, il était sauvé. Ensuite il pouvait continuer à se nourrir et il arrivait à s'en sortir tout seul. Mais il fallait intervenir très vite et je ne pouvais pas le faire sans aide parce que les diabétiques qui sont atteints aussi gravement que mon frère deviennent violents quand on essaie de les réveiller. Dans la confusion qui précède le sommeil, ils pensent qu'on les attaque, ils se débattent, ils veulent absolument qu'on les laisse dormir. Quand on venait me chercher dans ma classe, il était souvent trop tard, Bernard dormait déjà dans la sienne depuis une demi-heure, ou bien j'arrivais à temps mais on ne parvenait pas à le maîtriser et il finissait par s'endormir quand même. Au bout du compte il fallait appeler un taxi, prévenir ma mère; ensuite on transportait Bernard en bas, on le traînait jusqu'au taxi et je l'emmenais à l'hôpital...

Ma mère a toujours été ce qu'on appelle une mère poule. À la maison, puisque mon père s'occupait presque exclusivement de son commerce, elle se chargeait de tout le reste. C'est elle qui veillait sur nous, qui nous aidait à faire nos devoirs, qui nous soignait quand nous étions malades, qui nous disciplinait, qui nous dorlotait. Comme bien des femmes de son époque, elle ne vivait que pour ses enfants. Quand j'étais adolescent et même plus tard, quand j'ai commencé à travailler dans le show-business alors que j'habitais encore chez mes parents, je pouvais arriver à n'importe quelle heure: elle m'attendait avec quelque chose à manger, un petit lunch qu'elle avait préparé pour moi et pour mes amis au cas où je n'arriverais pas seul. Toute sa vie, elle n'a vécu que pour ses enfants...

À moins d'être soi-même une mère, je pense qu'on ne peut pas vraiment comprendre ce qu'elle a ressenti en apprenant que son fils était atteint d'une telle maladie. Du jour au lendemain, la maladie de Bernard est devenue sa plus grande, sa constante préoccupation: il fallait qu'elle surveille son alimentation, qu'elle voie à ce qu'il mange à heures fixes, qu'elle s'assure qu'il prenne ses médicaments et qu'il ne rate pas ses rendez-vous chez le médecin, et ainsi de suite. Sans compter qu'il fallait expliquer et faire accepter la situation à Bernard lui-même, qui n'était encore qu'un enfant.

Vous vous rendez compte, pour un petit gars, ce que cela signifie d'être forcé à suivre un régime, de ne pas pouvoir manger de crème glacée ni de bonbons, ni boire de boissons gazeuses parce que le médecin a dit que ça débalancerait son taux de sucre sanguin? Et d'être obligé de se donner jusqu'à trois piqûres d'insuline par jour? Et malgré toutes ces précautions et toutes ces privations, malgré les visites chez le médecin et les fréquentes hospitalisations, de risquer quand même à chaque instant de sombrer dans le coma? C'est pas facile à avaler, une histoire pareille...

Quand nous étions petits, Bernard était comme notre père et j'étais comme notre mère. C'était un petit garçon timide, réservé, qui ne disait jamais un mot plus haut que l'autre. Quand on faisait un mauvais coup, par exemple, c'était toujours moi qui prenais les devants pour expliquer ce qui s'était passé: «Écoutez, Pops, vous savez la lampe dans votre bureau? Oui, eh ben c'est pas compliqué: on l'a cassée.» Nous n'avions rien à craindre de nos parents mais Bernard n'aurait jamais osé les affronter. Autant j'étais tannant, dissipé, turbulent, autant il était tranquille, effacé, replié sur lui-même. Puis est arrivée, vers l'âge de dix ans, cette terrible maladie qui était comme une hypothèque pesant sur son avenir et qui aurait pu en faire un garçon encore plus timide et renfermé. Mais Bernard ne s'est pas laissé abattre. On peut même dire, au contraire, qu'il est devenu plus ouvert en vieillissant, plus drôle, plus vivant. En tout cas, il n'aurait jamais voulu que son diabète nous empêche de faire quoi que ce soit.

Au début de l'adolescence, quand Bernard et moi en avons eu assez de voir mon père travailler sans relâche, sept jours par semaine et douze mois par année sans jamais s'accorder une journée de congé ou des vacances d'été, nous avons demandé à notre mère d'intercéder pour nous. «Écoute, Eugène, a-t-elle dit à mon père, il faudrait bien prendre des vacances avec les enfants à un moment donné...» Et elle a eu gain de cause: mon père trouvait l'idée excellente (il suffisait de lui en parler!) et nous avons pris l'habitude de faire des balades en auto tous les dimanches au lieu de rester à la maison. Sauf que mon père étant mon père, on ne pouvait pas faire les choses comme tout le monde. Parce qu'il n'avait pas de voiture et qu'il n'aimait pas conduire, il préférait louer les services de notre voisin Léo, qui était chauffeur de taxi! Alors on partait avec Léo au volant, toujours accompagnés de grand-maman Gagnon, et toute la famille allait visiter les petits villages du Québec. Une semaine on prenait la route de Castorville, où l'on pouvait voir les castors travailler; une autre on allait à la cabane à sucre ou bien on se rendait à Saint-Gabriel de Brandon, où ma grand-mère avait de la parenté. Et puis, une fois par année, c'étaient les vacances d'été: on partait pour une semaine dans une grande ville des États-Unis, Boston, Chicago, New York, etc.

Jamais durant ces voyages la maladie de Bernard n'a causé la moindre difficulté. S'il fallait s'arrêter en cours de route parce qu'il avait besoin de manger, bien sûr, on n'hésitait pas à le faire. Mais c'était peu de chose, en fin de compte. Lorsqu'on partait pour une seule journée, il se faisait une piqûre avant de partir et une autre en revenant. Lorsqu'on partait pour plus longtemps, ma mère s'arrangeait pour qu'il ne manque pas de médicaments et qu'il puisse suivre son régime aussi bien en voyage qu'à la maison. Avant de partir, si elle avait le moindre doute, elle l'emmenait voir le médecin et c'est lui, après avoir examiné Bernard, qui nous donnait le feu vert. Ensuite seulement, mon père appelait Léo: «Ça te tente toujours, Léo, une semaine aux États?», et Léo prenait ses vacances avec nous, des vacances payées à Boston, à Chicago, à Detroit, à Baltimore ou à New York. Vous aurez remarqué que c'étaient toujours des villes de baseball... Nous étions tous plus ou moins amateurs mais c'est un autre point que Bernard avait en commun avec mon père: il aimait le sport, tous les sports, autant que mon père.

Malgré tout ce que je viens de dire sur l'école et malgré le peu d'intérêt que je portais à mes études, j'ai gardé de très bons souvenirs du collège Cordeau. Sa directrice, Gilberte Cordeau, était une femme extraordinaire que j'aimais beaucoup et avec qui j'ai longtemps correspondu par la suite. D'abord elle était mère de famille, elle avait plusieurs enfants dont un fils qui était l'un de nos professeurs. Elle était aussi une fameuse raconteuse d'histoires dont le sens de l'humour me plaisait énormément. Mais si j'ai bien aimé le collège Cordeau, c'est peut-être parce que je me suis surtout spécialisé dans les activités parascolaires... En dernière année, pour fêter la fin des cours, toute la classe est allée à Plattsburgh en autobus grâce à l'argent recueilli lors des deux pianotons que j'avais organisés, l'un de douze heures et l'autre de vingt-quatre heures. J'organisais aussi des soirées de danse qui avaient lieu tous les deux ou trois mois, le samedi soir à l'école même. Je parlerai plus loin des pianotons mais pour le moment, et pour finir ce chapitre à peu près comme il a commencé, j'aimerais mieux vous raconter une autre anecdote concernant Bernard et l'une de ces danses du samedi soir.

Il faut dire qu'on ne dansait pas toute la soirée sans interruption, on avait aussi prévu des pauses durant lesquelles certains élèves dotés d'un talent quelconque, chanteurs, musiciens, raconteurs, venaient faire leur numéro devant tout le monde. Bernard, lui, avait prévu un soir de présenter un numéro de magie qui avait déjà fait ses preuves et dont il était très fier. Le truc était relativement simple. D'abord il descendait dans la salle et distribuait à tous des cartes à jouer. Ensuite il remontait sur scène d'où il prétendait pouvoir deviner, sans les voir, les cartes de chacun. Pendant ce temps, son complice, qui était resté dans la salle, regardait les cartes que les gens se montraient entre eux et il ne restait plus qu'à convenir d'un code pour qu'il puisse communiquer au grand magicien tous les renseignements indispensables: pique, cœur, carreau, trèfle, roi, dame, valet, un, deux, trois, quatre, etc. Comme vous le voyez, c'était un truc à toute épreuve. De fait, la seule façon dont Bernard pouvait se tromper, c'était dans le choix de son complice. Or, le soir en question, pas de problème: son complice, c'était moi.

Fort de ma présence dans la salle et non sans une pointe d'orgueil, Bernard, qui était aussi le maître de cérémonie, commença donc par présenter son numéro en insistant sur l'aspect extraordinaire de ses dons de voyant. Puis il distribua les cartes et revint sur scène en disant:

— Maintenant, mes amis, je me concentre et dans un instant je vais pouvoir deviner les cartes que vous avez entre les mains...

Sur ce, je me lève et je sors de la salle, le laissant seul sur scène et sans aucune possibilité de deviner quoi que ce soit. Ah! l'exaltation du joueur de tours quand il sent que sa victime est bien ferrée! Derrière la porte, tout excité, j'ai tendu l'oreille pour voir comment Bernard s'en sortirait.

— Si vous permettez, dit-il, avant de commencer je vais vous chanter une petite chanson...

Heureusement qu'il savait chanter! Il avait d'ailleurs une très belle voix, c'est pourquoi je l'ai laissé se rendre jusqu'au bout de sa chanson... et même de tout son répertoire! Je l'avoue, il faut être bien bas pour jouer un tour pareil à son frère, son frère unique par-dessus le marché. Mais Bernard n'était plus le petit gars timide qui n'osait pas dire un mot plus haut que l'autre. Il avait développé un sens de l'humour assez extraordinaire et il était capable d'apprécier un bon tour, même s'il en était lui-même la victime.

N'empêche qu'au moment où je suis revenu dans la salle, Bernard était sur le point de flancher. Si j'avais attendu une minute de plus, m'a-t-il confié plus tard, il avouait à tout le monde que le numéro était truqué et que son frère était un enfant de chienne. Je l'aurais bien mérité... Les gens criaient: «Les cartes! Les cartes!»

Bernard m'implorait du regard et je restais planté dans le fond dans la salle, un grand sourire aux lèvres. Pourtant, à part quelques gouttes de sueur qui perlaient sur son front, personne n'aurait pu déceler un indice que Bernard était au désespoir.

Enfin, pour ceux qui voudraient savoir la fin de l'histoire, disons que tout s'est bien passé. J'ai repris ma place au milieu des gens et Bernard a pu faire le numéro tel qu'il l'avait préparé, numéro qui a d'ailleurs très bien marché. Je vous l'avais dit: avec un bon complice, ça ne pouvait pas rater...

Adieu les vis et les clous, bonjour Molière et Beaumarchais

Au milieu des années cinquante, la Ferronnerie Jos Latulippe, que mon grand-père avait fondée une trentaine d'années plus tôt, était une entreprise relativement prospère. C'est-à-dire que, sans être vraiment riche, la famille n'avait jamais manqué de rien et les affaires allaient encore très bien. Je dis relativement parce qu'il faut mettre les choses dans leur contexte. À l'époque, il n'y avait pas de grandes surfaces ni de centres commerciaux où les gens peuvent trouver tout ce qu'ils veulent au même endroit, sous un même toit et à deux pas d'un immense terrain de stationnement. En revanche, chaque quartier offrait toute la gamme des produits et services: épicerie, ferronnerie, cordonnerie, charcuterie, etc. Et tous ces petits commerçants, pourvu qu'ils soient travaillants, pouvaient espérer survivre et prospérer de génération en génération.

Mon père n'était pas différent. Quand grand-père Latulippe est mort, en 1932, c'était lui avec quatre de ses frères qui avait pris les rênes de la ferronnerie; et il s'attendait naturellement à ce que ses enfants lui succèdent le jour où lui-même prendrait sa retraite. C'est pour ça qu'il nous avait envoyés au collège Cordeau: il nous préparait pour le commerce.

Cela dit, je pense que mes parents n'ont pas été extrêmement surpris lorsque Bernard a décidé d'aller travailler dans un bureau de poste peu de temps après sa sortie du collège. Contrairement à moi, mon frère n'avait jamais démontré un très grand intérêt pour la ferronnerie et il ne se voyait pas du tout dans la peau d'un chef d'entreprise, aussi petite soit-elle. Ce n'était pas dans sa nature d'être le patron, ou même l'un des patrons, d'être celui qui engage et congédie les employés, qui prend tous les risques et toutes les décisions.

Quant à moi, mon père savait aussi que j'aimais la comédie et que je voulais en faire mon métier mais il devait se dire que le goût me passerait, que c'est une chose d'en parler et une autre de plonger. De plus, il s'était rendu compte que je ne détestais pas non plus brasser des affaires. Enfant, j'avais l'habitude de «monter» des pièces de théâtre dont les décors provenaient des restes de bois et de peinture de la ferronnerie. Une année, au lieu du théâtre, j'ai eu l'idée d'organiser un rodéo et mon cousin Reynald, qui était plutôt bien bâti, s'offrit pour faire le taureau. Les enfants payaient pour monter sur son dos et tenter d'y rester pendant que Reynald, sans trop de peine, les secouait et les jetait pas terre. Le costume en a pris un coup mais non la caisse, car nous n'avons jamais été tenus de... rembourser. Il faut croire que dès cet âge-là, sans le vouloir et sans le savoir, j'étais déjà un peu ce que je suis devenu: un comique doublé d'un homme d'affaires.

Du temps que j'allais au collège, la mode était aux «tons», berçotons, dansotons, poteautons. Les gens avaient coutume d'accourir en masse à tous les événements de cette sorte et c'est pourquoi l'idée m'est venue d'organiser un pianoton dont les profits allaient servir à financer notre fête de fin d'année. Nous avions déjà un gars dans la classe qui jouait du piano (André Morin, qui avait aussi accompagné Bernard au piano durant son tour de chant) et qui ne demandait pas mieux que d'en jouer douze heures d'affilée. Pour le reste, il faudrait louer un piano, des chaises, aménager la salle, organiser la vente des billets, faire de la publicité, installer un petit restaurant où l'on vendrait de la nourriture et des rafraîchissements et puis trouver des commanditaires. Même si je savais que je m'embarquais dans quelque chose de beaucoup plus gros qu'une simple soirée de danse, rien n'entamait mon enthousiasme, j'étais sûr d'amasser beaucoup d'argent. Il suffisait, pour commencer, d'avoir une mise de fonds et le reste irait tout seul... Enfin, c'est ce que je pensais.

Comme c'est à moi, en tant qu'instigateur du projet, qu'il incombait de trouver cette mise de fonds, je suis allé voir mon père pour lui demander de m'avancer l'argent.

— Écoutez, Pops, il faut que je vous parle. J'ai eu une idée extraordinaire!

— Ah oui? Raconte-moi ça...

J'ai commencé à lui raconter mais j'ai vite compris qu'il était beaucoup moins enthousiaste que moi. Point par point, il s'est appliqué à me démontrer tous les dangers que présentait l'aventure, tous les risques que je courais et tous les aspects négatifs auxquels, bien sûr, je n'avais pas pensé. Vous dire à quel point j'étais déçu de mon père! Même après qu'il eut finalement accepté de me prêter l'argent, je le blâmais intérieurement d'avoir cherché à me décourager. Je me disais que pour voir uniquement les côtés négatifs d'une aussi belle idée, il fallait être bien vieux et bien pessimiste...

J'ai donc produit ce pianoton et mon père, à ma grande surprise, avait raison sur toute la ligne: là où il sentait qu'il y aurait des accrocs, en effet, il y en eut; où il prévoyait des pertes ou une rentrée d'argent moins importante, les choses se sont passées exactement comme il l'avait prédit. Néanmoins, j'avais amassé assez de sous avec ce premier pianoton pour rembourser mon père et, toujours dans le but d'aller à Plattsburgh en fin d'année, j'envisageai d'en produire un autre d'une durée de vingt-quatre heures au lieu de douze.

Cette fois, par contre, en allant trouver mon père pour lui demander de m'avancer la mise de fonds, j'ai eu un moment d'hésitation, ou de lucidité. Je n'avais pas encore mis les pieds dans son petit bureau sous les escaliers que je l'entendais déjà me dire: «As-tu pensé à telle chose? à telle autre?» Alors j'ai rebroussé chemin et j'ai repassé en esprit tous les points sur lesquels il tenterait de me prendre en défaut. Cet exercice me prit une journée mais en entrant dans son bureau le lendemain soir, dossiers en main, j'étais bien content de l'avoir fait. J'étais plus emballé que jamais et surtout beaucoup mieux préparé.

— Vous allez voir, Pops. Ce coup-là, j'ai pensé à tout...

— Ah oui?

Eh bien, j'avais encore oublié un tas de choses et je trouvai mon père encore plus suspicieux que la première fois. Je me disais qu'on ne peut pas être aussi pessimiste sans le faire exprès! Pourtant, il accepta de me prêter l'argent et je dois avouer qu'il avait vu juste encore une fois. Grâce à lui, grâce à ses craintes et à ses appréhensions qui m'avaient rendu plus vigilant, j'ai pu faire en sorte que le second pianoton soit un succès sur tous les plans.

Petit à petit, sans m'en rendre compte, j'étais en train de développer ce qu'on appelle le sens des affaires. Et c'est encore mon père, presque à mon insu, qui me donnait des leçons. La première étant qu'il faut se mouiller pour apprendre à nager. S'il ne m'avait pas prêté l'argent, j'aurais toujours douté. J'aurais toujours pu dire: «J'avais une idée en or, ç'aurait été formidable et il a tout gâché.» Le plus beau, au fond, c'est qu'en me prêtant l'argent, c'est comme s'il m'avait donné la permission de me casser la gueule. Je suppose qu'il devait se dire que ce n'était pas payer cher la leçon.

À peu de choses près, c'est encore ce qui s'est produit quand j'ai acheté ma première voiture, une Rambler. Mon père me prêta l'argent et dorénavant, quand on sortait le dimanche, plutôt que de payer le taxi, il déduisait le montant qu'il aurait donné à Léo de la somme que je lui devais. Même chose pour les vacances d'été. Quant aux paiements que j'aurais à lui verser, il me fit ouvrir un compte à la banque et me demanda d'y déposer, chaque semaine, un montant dont nous avions convenu. En apparence, mon père me faisait aveuglément confiance: jamais au grand jamais il n'est allé vérifier pour voir si je faisais mes dépôts semaine après semaine. Mais il n'était pas fou, le vieux renard. Il savait bien qu'une auto ne dure pas éternellement et qu'un beau jour j'en voudrais une nouvelle. Alors quand ce jour est arrivé, et qu'encore une fois j'ai voulu qu'il me prête de l'argent, il m'a dit simplement: «Vas-y, prends l'argent dans le compte.»

Il est évident que si je n'avais pas respecté notre engagement, si j'avais cessé de faire mes paiements ou si j'en avais sauté un de temps en temps, je n'aurais jamais pu changer de voiture. Ainsi il m'avait appris non seulement à prendre des responsabilités mais à en assumer seul toutes les conséquences.

C'était l'été de 1955 et je venais à peine de sortir du collège quand j'ai annoncé à mon père que j'avais l'intention de devenir comédien. Je me doutais bien de la façon dont il réagirait. Il s'attendait tellement à ce que je prenne sa place à la ferronnerie qu'il n'a pas pu faire autrement que d'être terriblement déçu. Déçu et incrédule... Mon père était un homme sensé, un homme pratique, et il faut avoir une certaine folie pour faire le métier d'acteur. Donc c'était pour lui quelque chose d'à peu près inconcevable. Et comme personne dans la famille ou dans nos connaissances n'avait jamais pratiqué ce métier, il ne voyait pas comment, même avec tout le talent du monde, je pourrais percer dans un milieu qui nous était totalement inconnu.

Ma mère n'y croyait pas beaucoup plus que mon père mais elle était moins surprise. Et puis, elle savait qu'au fond mon avenir à la ferronnerie n'était pas compromis. Un jour ou l'autre, j'y reviendrais et ma place m'attendrait. Alors pour elle, il n'y avait pas vraiment de quoi s'inquiéter. Si ce n'était pas cette année, ce serait l'année prochaine ou dans deux ans. C'est d'ailleurs, au bout du compte, ce que mon père m'a dit: «Écoute, je comprends qu'il faut que tu suives ton instinct mais si ça ne marche pas, tu sais que t'auras toujours ta place ici.»

Ce qui fait qu'à l'automne de 1955, au lieu de commencer à travailler aux côtés de mon père comme il était prévu de toute éternité, je me suis retrouvé à l'emploi de Radio-Canada, comme messager à la discothèque. En mettant les pieds dans la boîte, sans trop savoir où cela me conduirait, je me disais que c'était une façon comme une autre de me rapprocher du milieu, de rencontrer des gens, et c'est exactement ce qui s'est passé: j'ai rencontré Yvon Deschamps, qui travaillait aussi à la discothèque, qui avait comme moi la passion du théâtre, et nous nous sommes tout de suite liés d'amitié.

Saviez-vous qu'à ses débuts, Yvon Deschamps n'avait pas du tout envie de devenir comique, humoriste ou monologuiste? Sans blague. Quand je l'ai connu, il prenait des cours de théâtre chez François Rozet et il se destinait très sérieusement à une carrière d'acteur dramatique. Je suis peut-être le seul à l'avoir vu jouer du Racine... Et puis un jour, je ne sais pas ce qu'il avait mangé ou ce qui lui est tombé sur la tête, il s'est mis à écrire des monologues et c'est comme s'il avait trouvé sa voie tout à coup. Mais à l'époque, je crois qu'il ne savait même pas qu'il pouvait être comique.

Toujours est-il que nous sommes devenus bons amis. Je me souviens d'une fin de semaine, entre autres, qui n'avait pas été trop reposante. Partis ensemble de Radio-Canada le vendredi vers cinq heures de l'après-midi, on a roulé toute la nuit jusqu'à New York. Et le lundi matin, quand on est revenus pour reprendre le boulot après avoir roulé toute la nuit en sens inverse, on n'avait pas dormi cinq minutes de la fin de semaine.

Je me souviens aussi d'un party de Noël à la discothèque à l'occasion duquel Yvon et moi avions écrit un petit sketch sur la Nativité. Ce n'était pas compliqué: il y avait Marie et Joseph qui cherchaient un endroit où passer la nuit et qui se faisaient mettre dehors partout où ils allaient. Ensuite on acceptait de les héberger à Bethléem et Marie finissait par accoucher. Le punch c'était que Joseph, à la toute fin, revenait dire au public: «C'est une fille!»

Si Yvon n'avait fait que devenir mon ami, j'aurais déjà pu me compter chanceux. Or il a fait beaucoup plus, car sans lui il est fort probable que je n'aurais jamais osé me présenter chez un homme de théâtre comme François Rozet. Honnêtement, après deux ans à la discothèque de Radio-Canada, je ne me sentais pas tout à fait prêt à suivre des cours d'art dramatique. Je savais ranger les disques par ordre alphabétique... À part ça, je m'y connaissais assez bien en électricité, j'avais quelques connaissances en gestion d'entreprise et j'étais absolument incollable pour tout ce qui a trait à la quincaillerie. Sur le plan théâtral, par contre, c'était le néant, le zéro absolu. Mais Yvon insista tellement que j'ai fini par accepter de rencontrer le fameux professeur Rozet.

À preuve que je n'étais pas prêt, cette toute première conversation entre monsieur Rozet et moi:

— Pouvez-vous me réciter une fable de La Fontaine?

— Euh... non.

— Dans ce cas voulez-vous me faire un autre texte?

— Non!

Il aurait pu ajouter: «Dans ce cas voulez-vous bien me dire ce que vous faites ici?» Au lieu de quoi, il m'a donné rendez-vous pour le jeudi suivant, à la condition que d'ici là je me sois préparé à lui lire quelque chose.

Je connaissais François Rozet de réputation. Je savais qu'il avait été, avant la guerre, l'un des acteurs les plus importants de sa génération. Après des débuts remarqués avec Pierre Bertin et Charles Vanel, entre autres, très vite le théâtre puis le cinéma en avaient fait une star. Du temps du muet, il paraît même qu'on le considérait un peu comme le Valentino français. Il avait aussi beaucoup tourné pour le cinéma parlant dans des films qui avaient marqué, comme *Sapho, La porteuse de pain* et *Notre-Dame de la mouise.*

Au cours de la Deuxième Guerre mondiale, plusieurs grands artistes français, pour la plupart vedettes de cinéma, durent s'exiler en Amérique du Sud et c'est là que Alexandre de Sève, de France-Film, et Nicolas Koutdriadzef, de *Canadien Concert* et *Artists,* firent appel à leurs services en leur offrant des contrats pour Montréal et le Québec. C'est ainsi qu'on vit passer sur nos scènes des noms aussi prestigieux que Louis Jouvet, Madeline Ozeray, Victor Francen, Charles Deschamps... et François Rozet.

À la fin de la guerre, quand il a choisi de s'installer parmi nous, François Rozet était donc un acteur de grand renom qui avait déjà derrière lui un fabuleux passé artistique. Au Québec, la plupart des acteurs de ma génération et de celle qui précède, des gens comme Janine Sutto, Jean-Louis Roux, Monique Lepage, Gilles Pelletier et Yvon Deschamps pour ne nommer que ceux-là, ont suivi ses cours. Je crois pour ma part qu'il était encore meilleur professeur qu'acteur. Il avait une façon de vous communiquer son enthousiasme, sa passion du théâtre, qui faisait qu'en sortant de chez lui vous aviez l'impression d'avoir attrapé aussi, comme par contagion, un peu de son talent...

Mais j'anticipe. Avant de sortir de chez lui, il fallait avoir le courage d'y entrer! Le jeudi qui suivit notre première rencontre, quinze minutes avant l'heure prévue, j'étais à Westmount et je faisais les cent pas devant le joli cottage où il habitait avec Gisèle Schmidt, sa conjointe. Et ce courage, franchement, me manquait. C'est que j'y allais, voyez-vous, dans le seul but de dire à Rozet que je ne reviendrais plus.

C'est bien beau, «se préparer à lire quelque chose», mais quand on ne l'a jamais fait, quand on ne sait pas du tout comment s'y prendre, comment se tenir, où mettre l'accent, où mettre ses mains, etc., comment voulez-vous qu'on se prépare sérieusement? Donc je faisais les cent pas, oscillant entre l'envie de filer à l'anglaise et l'envie de plonger tête baissée, pour en finir au plus vite. À un moment donné, j'ai même gravi d'un bond les marches du cottage, j'ai tendu la main vers le bouton de la sonnerie et j'ai rebroussé chemin. J'étais trop nerveux...

À cinq heures pile, n'ayant pas réussi à déguerpir, j'ai décidé que je devais au moins respecter notre rendez-vous. J'allais sonner, il me répondrait et je lui dirais tout d'un trait: «Excusez-moi, Monsieur Rozet, je ne suis pas prêt. Je ne peux pas suivre vos cours...»

François Rozet, dans le fond, c'était un peu Sacha Guitry. Je veux dire pour l'allure, pour la prestance. En même temps, il pouvait être extrêmement chaleureux quand il voulait. Or il m'a accueilli ce jour-là avec tellement d'ardeur, avec un sourire et une poignée de main si enthousiastes que je me suis retrouvé presque aussitôt dans son studio, au sous-sol de la maison, sans m'en rendre compte et sans avoir pu dire un seul mot.

Dans l'heure qui a suivi, nous avons parlé de choses et d'autres, du métier, de la vie d'artiste, du théâtre et du cinéma, et je crois qu'il a dû se rendre compte que je n'avais pas tout à fait tort: c'est vrai que je n'étais pas prêt à absorber tant de choses à la fois. Il fut quand même convenu que nous allions faire un essai:

— D'une part, dit-il, je ne veux pas vous arracher vos sous inutilement. D'autre part, vous comprendrez que je n'aime pas perdre mon temps. Disons donc que nous ferons un essai de trois mois et nous verrons ensuite s'il y a lieu de continuer ou d'arrêter.

Et voilà comment, en allant lui dire que je ne serais pas son élève, je suis devenu l'élève de François Rozet! La première semaine, il m'a donné une fable de La Fontaine à apprendre par cœur. J'en ai appris trois. La semaine suivante, il me donna vingt lignes de Molière. J'en appris soixante. Et ainsi de suite, multipliant toujours par trois les exercices et travaux qu'il exigeait de moi. Pas pour l'impressionner mais parce que j'avais tout à découvrir et il me semblait que je n'avais pas une minute à perdre.

Quand les trois mois dont nous avions parlé furent écoulés, je lui ai demandé ce qu'il advenait de notre entente. Non seulement il n'y pensait plus, il se disait même ravi de m'avoir comme élève:

— Tu es mon seul comique, Gilles. Les autres étudient toujours les mêmes classiques, toujours les mêmes textes. Tandis qu'avec toi, j'ai la chance de toucher à un autre répertoire. C'est tout à fait divertissant!

Ce qui ne veut pas dire que je ne lisais que les auteurs et les pièces du répertoire comique, comme Molière, Feydeau ou Beaumarchais. En plus des travaux que j'avais à faire, je me faisais un devoir de lire chaque jour un acte d'un classique et un acte d'une pièce moderne. Vous ne me croirez peut-être pas, mais c'est ainsi que j'ai lu, un acte à la fois, tout le théâtre de Shakespeare, tous les Racine, tous les Corneille et presque tous les auteurs importants d'hier et d'aujourd'hui.

Contrairement à mes études primaires et secondaires, je prenais ces études-là très au sérieux. J'étais très discipliné. Je travaillais le jour à Radio-Canada et tous les soirs, de sept heures à onze heures, je m'enfermais dans ma chambre pour étudier, lire ou répéter. François Rozet pouvait être un maître extrêmement exigeant. Il me faisait travailler des pièces que j'étais sûr de ne jamais avoir à jouer en public. J'ai joué Cyrano, par exemple, d'un bout à l'autre, chez lui, tout en sachant très bien que ce n'était pas le genre d'emploi dans lequel on me verrait. Cependant, chaque rôle avait ses difficultés, chaque pièce m'apportait un nouveau défi. Si Rozet remarquait une chose sur laquelle je butais, il me la faisait reprendre jusqu'à ce que j'aie compris. Je l'ai vu passer une heure sur une phrase que je n'arrivais pas à dire correctement. Et quand je revenais la semaine suivante, il m'apostrophait dès le hall d'entrée:

— Comment ça marche, la phrase?

Il ne l'avait pas oubliée... Moi non plus d'ailleurs, je l'avais répétée toute la semaine!

Quand j'y repense aujourd'hui, c'était vraiment une époque fascinante. En deux petites années, à partir de presque rien, Rozet a réussi à faire de moi un véritable amateur de théâtre, un dévoreur de livres et surtout, j'ose le croire, un acteur. C'était quand même pas mal!

La soutane de Gratien

> *Que ça fait donc chaud au cœur,*
> *dans les malheurs de la vie,*
> *de voir apparaître une soutane!*
>
> Gratien Gélinas, *Bousille et les justes*

On a beau avoir le meilleur professeur au monde, on a beau répéter, répéter, répéter, il reste qu'au bout d'un certain temps si on veut continuer de s'améliorer, il faut jouer pour de vrai, dans une vraie salle et devant un vrai public. En 1959, étudiant chez François Rozet depuis près de deux ans, je me sentais prêt à faire le grand saut. Je voulais absolument jouer et ce n'est pas une ni deux mais trois occasions, coup sur coup, qui se sont présentées à moi. Dans ce métier, c'est souvent ce qui arrive. On peut rester des mois sans travailler et puis un beau jour, juste au moment on l'on est près de désespérer, le téléphone se met à sonner et alors il faudrait pouvoir se dédoubler pour être capable d'accepter tous les contrats qui vous tombent du ciel.

D'abord j'ai rencontré José Ledoux, qui à l'époque donnait des cours d'art dramatique à Verdun et qui s'apprêtait à monter deux pièces en un acte tirées du répertoire français. Ensuite Rozet lui-même, à qui on avait offert le premier rôle dans un téléthéâtre de Radio-Canada, proposa de me recommander pour une petite participation. Enfin Yvon Deschamps m'a parlé de Paul Buissonneau, avec qui il avait déjà travaillé et qui allait maintenant s'attaquer à *La Bande à Bonnot*.

Des trois, le téléthéâtre avec François Rozet aurait sûrement été le meilleur «choix de carrière», comme on dit. D'un autre côté, j'aurais pu jouer beaucoup plus souvent si je m'étais joint à la troupe de José Ledoux, qui faisait d'ailleurs de l'excellent théâtre amateur. Alors pourquoi, d'instinct, ai-je opté pour *La Bande à Bonnot* dont il n'y aurait pourtant qu'une seule représentation? Je ne sais pas. Peut-être un peu parce que cela me permettrait de monter sur les planches d'une salle aussi prestigieuse que la Comédie Canadienne. Peut-être aussi pour avoir la chance de participer à un événement comme le Festival d'art dramatique. Mais c'était surtout, je le répète, une affaire d'instinct: je sentais que tel était mon destin.

Ou bien, au lieu de parler du destin, on peut dire que j'ai eu de la chance. La chance d'être au bon endroit au bon moment. La chance que Gratien Gélinas, ce soir-là, me voie jouer au moment même où il cherchait quelqu'un pour interpréter le petit frère Nolasque. Mais chance ou destin, c'est du pareil au même: deux façons de dire que dans une carrière, parfois, il faut plus que du talent.

Dans mon souvenir, les deux choses sont tellement liées que c'est comme s'il s'était passé quelques jours à peine entre la représentation de *La Bande à Bonnot* et l'audition pour *Bousille et les justes*. En fouillant dans mes paperasses, je me rends compte que ce n'est pas vrai du tout. En réalité, il s'est même passé plusieurs mois puisque j'avais eu le temps, entre les deux événements, de rencontrer une idole de jeunesse — dont je parlerai plus loin —, le temps aussi de quitter mon emploi à Radio-Canada pour suivre Paul Buissonneau à la Roulotte des parcs de la ville de Montréal.

Le soir où j'ai appris que Gratien Gélinas désirait me rencontrer, on jouait *Pierre et le loup* de Prokofiev dans je ne sais plus quel parc. Le lendemain matin, j'ai passé une audition devant l'auteur, son fils Yves (qui me donnait la réplique) et le metteur en scène Jean Doat. Cela s'est fait en quelques minutes et j'étais tellement nerveux que je n'aurais pas su dire, en sortant de là, si ça s'était bien ou mal passé. Je suis retourné à la roulotte en début d'après-midi et Paul Buissonneau m'a accueilli en disant:

— O.K. T'en fais pas, on va trouver quelqu'un pour te remplacer.

Il a fallu qu'il m'explique parce que je ne savais vraiment pas ce qu'il voulait dire. M. Gélinas venait de lui téléphoner. Les répétitions commençaient la journée même. J'avoue que j'étais un peu sonné. Après François Rozet, qui était la quintessence du grand acteur classique, après Paul Buissonneau, qui d'après moi était l'imagination faite homme, j'allais avoir l'occasion de travailler avec un autre de nos grands hommes de théâtre, et certainement le plus connu des trois.

Depuis 1937, année où il avait créé son personnage de Fridolin à la radio de CKAC, tout le monde au Québec connaissait Gratien Gélinas. Dans les années quarante, ses revues d'actualité appelées Fridolinades attiraient chaque année des foules record à Québec et à Montréal, au Monument National. Enfin *Ti-Coq*, sa première pièce de théâtre, avait révélé toute la puissance et toute l'étendue de son talent en plus de lui valoir une renommée encore plus grande tant au Québec que dans le reste du Canada.

Il faut quand même se rappeler qu'en 1959, *Ti-Coq* remontait déjà à près d'une dizaine d'années. Avec cette pièce, Gratien Gélinas avait obtenu, ici, un immense succès, mais l'accueil qu'on lui avait fait à Broadway — où *Ti-Coq* avait été retiré de l'affiche après seulement deux ou trois représentations — l'avait sérieusement ébranlé. Il avait mis du temps à s'en remettre. Plusieurs années durant lesquelles les gens avaient fini par se demander s'il arriverait un jour à écrire une nouvelle pièce. Et maintenant qu'elle était écrite, les critiques, les gens du métier et même le public en général l'attendaient dans le détour, comme on dit.

Pour Gratien Gélinas, c'était donc une rentrée extrêmement importante. Il fallait absolument qu'il frappe dans le mille et c'est ce qui explique en grande partie le climat de nervosité dans lequel les répétitions ont débuté.

M. Gélinas était extrêmement tendu, cette tension se communiquait à tout le monde et, malheureusement, comme j'étais le petit nouveau, le seul qui n'avait pas encore fait ses preuves, le seul aussi qu'il ne connaissait pas personnellement, c'est surtout moi qui en faisais les frais. Durant les deux mois qu'ont duré les répétitions, j'ai été son souffre-douleur pour ainsi dire, celui sur qui il passait sa nervosité et ses colères. Au point où les autres acteurs, quand ils se rendaient compte qu'il dépassait un peu les bornes, sentaient parfois le besoin de me prendre à l'écart pour m'encourager:

— Inquiète-toi pas, Gilles. Laisse-le parler. C'est très bien ce que tu fais.

Pour ajouter à la nervosité de l'auteur — et à la mienne, donc! —, le désaccord grandissait chaque jour entre lui et son metteur en scène. Un jour on m'indiquait tel geste ou tel mouvement pour accompagner telle réplique; le lendemain Doat me demandait autre chose et le surlendemain Gélinas me tombait dessus parce que je n'avais pas suivi ses directives!

Il faut dire aussi que Jean Doat avait une drôle de façon de diriger les acteurs. Il avait transformé la scène en un immense damier dont chaque carré était numéroté, par exemple de A à K et de 1 à 14. Vous voyez un peu le genre:

Doat: Tu pars de B-7, tu vas à F-12, ensuite tu reviens à C-3 en passant par D-4.
Moi: Pardon?

C'était la première fois (et ce serait la dernière, heureusement) que j'avais à subir une telle technique de mise en place. Au début, j'avais un peu l'impression de me retrouver sur un trottoir où des enfants auraient dessiné un jeu de marelle à la craie blanche...

Inutile de dire que travailler dans ces conditions était pénible pour tout le monde, pas uniquement pour moi. Et pour un perfectionniste comme Gratien Gélinas, qui était toujours inquiet, jamais satisfait même quand les choses allaient super bien, ce devait être un véritable martyre. À la veille des premières représentations de *Bousille et les justes,* j'avais l'impression de le comprendre un peu mieux et je lui étais encore plus reconnaissant de la chance qu'il me donnait. Après tout, dans cette aventure, il avait tout à perdre et moi tout à gagner.

Si j'ai parlé plus tôt du 1er avril 1959 comme d'une date de naissance, parce que c'était ma toute première expérience théâtrale, alors on pourrait dire que le baptême eut lieu le 16 août de la même année. Parce que c'était la création de ce qui deviendrait une pièce importante dans l'histoire de la dramaturgie québécoise. Aussi parce que, bien que ce soit seulement la deuxième fois que je montais sur une scène, je me trouvais à faire partie d'une extraordinaire distribution, avec Monique Miller, Nicole Filion, Béatrice Picard, Juliette Huot, Jean Duceppe, Yves Létourneau et Paul Hébert, sans oublier l'auteur lui-même, Gratien Gélinas, dans le rôle-titre. Enfin parce que le petit frère

Nolasque, à notre grande surprise, obtint à lui seul un immense succès.

À l'époque, il y avait à la Comédie Canadienne ce qu'on appelait le «Club des Avant-Premières» dont les membres formaient un public aussi enthousiaste qu'averti. C'est donc devant eux qu'eut lieu la première représentation de *Bousille et les justes*. Or dès l'instant où le frère Nolasque fit son apparition, vers la fin du premier acte, la salle entière éclata d'un grand rire aussi spontané qu'inattendu.

Il faut dire que si *Bousille* est une si bonne pièce — de loin la meilleure de Gratien Gélinas, à mon humble avis —, si elle vieillit si bien sans jamais prendre une ride, c'est parce qu'elle était dès le départ extrêmement bien structurée. On se souviendra qu'il s'agit d'un drame dans lequel une famille de la campagne vient à Montréal pour assister au procès que doit subir le plus jeune des fils, accusé d'avoir tué quelqu'un d'un coup de poing au cours d'une bagarre. Toute la pièce se passe dans la chambre d'hôtel où ils ont débarqué en arrivant à Montréal, où ils reçoivent l'avocat, répètent leurs témoignages et attendent avec angoisse l'issue du procès. C'est donc un drame qui pourrait vite devenir étouffant mais dans lequel le petit frère Nolasque, qui n'a que quatorze ans, qui ne connaît rien à rien, ayant passé toute sa vie au juvénat, arrive comme une bouffée d'air frais. Il a l'air tellement innocent, tellement naïf en comparaison des autres personnages, qui sont tous plus ou moins hypocrites — sauf Bousille, bien sûr —, que sa seule apparition sur scène est un merveilleux anti-climax.

Pour un jeune comédien, Nolasque est un rôle tout simplement fantastique. Il réussit à prendre beaucoup de place sans beaucoup parler et quand il parle, c'est toujours au mauvais moment et pour dire exactement ce qu'il ne faut pas dire. Afin qu'il paraisse un peu pâlot, pour ne pas dire famélique, Gratien Gélinas avait décidé que je jouerais sans maquillage. Là encore, il avait raison. Le soir de l'avant-première, je n'avais pas eu le temps de dire un seul mot et les gens riaient déjà aux éclats. J'avoue que c'en était même un peu déroutant. Je me disais: «O.K. Visuellement, c'est très drôle. Reste à voir ce qui va se passer quand je vais ouvrir la bouche.» Bien sûr, je m'en faisais pour rien. Le personnage était tellement bien écrit que le truc, au fond, c'était de ne pas jouer. Il fallait simplement que je reste là à sourire comme un innocent, à dire les répliques sans rien leur ajouter, et les rires venaient tout seuls.

Comme c'était la coutume lors des avant-premières, les acteurs sont revenus sur scène après le dernier rideau afin de répondre aux questions du public. Que la plupart des questions s'adressent à l'auteur, c'était tout à fait normal; qu'elles portent à peu près toutes sur le frère Nolasque, voilà qui était pour le moins étonnant. «Comment avez-vous créé le personnage du frère Nolasque? Que représente-t-il pour vous? C'est un personnage que vous aimez beaucoup?» À toutes ces questions, Gratien Gélinas répondit qu'il était lui-même étonné de la réaction du public, qu'il ne pensait pas que le frère Nolasque allait faire rire autant. Ce qui n'a pas empêché Jean Doat, le lendemain matin, d'épingler cette note sur un mur de ma loge:

Vous savez que le public d'hier soir n'était pas composé de connaisseurs ni de gens de théâtre. Donc, ce soir, ne vous attendez pas à un triomphe pareil.

Je vous laisse juger du professionnalisme d'un metteur en scène qui fait planer un tel doute dans la tête d'un de ses acteurs, surtout un soir de grande première.

Enfin passons... Doat est reparti dans son pays, Latulippe a fait carrière dans le sien et la soutane de Gratien, je veux dire celle du frère Nolasque, n'a jamais cessé de faire rire.

Permettez-moi de dire encore une fois toute la gratitude et toute l'admiration que j'ai pour Gratien Gélinas. Avec *Bousille*, il a refait pour moi ce qu'il avait fait pour Juliette Huot vingt ans plus tôt. Ce rôle m'a fait connaître du public et de la critique plus vite que je n'aurais osé l'espérer; il m'a permis de voyager durant deux ans partout au Canada en passant par Seattle, aux États-Unis, où la pièce fut présentée dans le cadre de l'Exposition universelle de 1962; enfin il m'a valu d'obtenir ce que j'ai toujours voulu plus que tout au monde: des rires, des centaines et des milliers de rires...

Côté salaire, j'ai aussi été très bien traité et c'est encore tout à l'honneur de Gratien Gélinas. Sur *Bou-*

sille et les justes, tous les acteurs recevaient un cachet de base ainsi qu'un pourcentage sur les recettes — sauf moi, qui n'étais encore qu'un débutant et qui n'avais pas droit au pourcentage. Mais quelques semaines après le début des représentations, le jour de la paye, on m'a remis deux chèques au lieu d'un seul. J'ai cru que c'était une erreur, alors je suis allé trouver monsieur Gélinas.

— Non, non, dit-il, il n'y a pas d'erreur. À partir de maintenant, t'auras toi aussi un pourcentage. T'as gagné tes galons.

J'ai dit que Gratien Gélinas était un perfectionniste et dans son cas il faut bien avouer que c'était une qualité. Il était minutieux, méticuleux, soucieux des moindres détails. Pour vous montrer à quel point on le trouvait tatillon, on l'avait surnommé Virgule! Je me souviens qu'on jouait *Bousille* depuis déjà un an et demi, on allait quelque part en autobus ou en avion et on devait encore répéter. Pourtant, le spectacle était parfaitement rodé, chacun connaissait son rôle sur le bout des doigts. Mais Gratien avait vu quelque chose, la veille ou l'avant-veille, qu'il n'avait pas aimé, alors il prenait deux ou trois acteurs à l'écart des autres et il nous faisait reprendre à sa manière ce qu'il voulait changer ou améliorer.

Autre qualité de Gratien Gélinas, il était d'une rare fidélité avec les acteurs et les actrices qu'il aimait bien. Si j'avais eu besoin d'une preuve de son affection pour moi, il me la donna quelques années plus tard lorsqu'il m'engagea pour *Le Diable à quatre.* Dans cette nouvelle revue, il y avait un monologue de lui que j'écoutais toujours avec beaucoup de plaisir. Soir après soir, en coulisses, j'étudiais sa technique, sa façon de provoquer les gros rires, et je me trouvais privilégié de pouvoir l'admirer d'aussi près. Et puis subitement, comme ça, un soir j'ai été inspiré: un gag m'est venu en un éclair. Je me suis dit que s'il le plaçait à tel moment de son monologue, ce serait d'un effet comique certain. Maintenant, est-ce que j'aurais le culot d'aller le lui dire? Moi, donner un conseil à un maître comme Gratien Gélinas? Finalement j'ai pris mon courage à deux mains et j'ai cogné à la porte de sa loge:

— Monsieur Gélinas, je vous regarde travailler tous les soirs et je vous trouve franchement fantastique. Si vous le permettez, j'aurais un gag à vous suggérer. Si vous le placiez au bon endroit, je crois que ça pourrait marcher...

Dès le lendemain, à ma grande surprise, il a fait mon gag qui a provoqué les rires et les applaudissements de la foule. Quelques jours plus tard, une bouteille de cognac m'attendait dans ma loge avec un mot de la main de Gratien: «Un bon gag, ça vaut un bon cognac!»

Dans cette même revue, il y avait un sketch que Gratien Gélinas aimait particulièrement et qu'il avait placé à la toute fin, où se trouve normalement le numéro le plus fort. Il s'agissait d'une scène d'hôpital dans laquelle il jouait lui-même deux rôles. Malgré une mise en scène un peu compliquée, nous étions tous persuadés, comme lui, que c'était le meilleur numéro de la revue. Pourtant ce sketch n'a jamais, jamais accroché. Pourquoi? Allez savoir... Toujours est-il que Gratien Gélinas ne s'est pas entêté inutilement. Après avoir tout essayé pour améliorer sa finale, il l'a remplacée par une autre.

Ça n'a l'air de rien mais pour moi c'était une grande leçon. Ce n'était pas sa faute ni celle du public si son sketch n'avait pas levé. Parfois il faut avouer qu'on s'est trompé, tout simplement, et ne pas chercher à comprendre pourquoi. C'est ce que Gratien a fait. Il ne s'est pas obstiné, il n'a pas blâmé un manque de rythme ou de clarté de sa part ou encore un manque de réceptivité de la part du public. Il a reconnu son erreur et il l'a réparée sans tarder. Tout le monde peut se tromper mais tout le monde n'a pas, comme Gratien Gélinas, l'humilité et l'intelligence de l'admettre.

D'ailleurs, la fin de *Bousille et les justes* n'a pas toujours été celle qu'on connaît. Au tout début et pendant plusieurs représentations, Bousille venait mourir sur scène à la fin du quatrième acte et cette mort était franchement interminable. Gratien n'en parlait pas mais on sentait qu'il n'était pas tout à fait satisfait. Un soir, après la représentation, il est venu nous dire:

— Demain, j'aimerais que vous arriviez plus tôt parce que j'ai à vous faire part d'un petit changement...

En fait, il avait complètement changé la fin de la pièce. Au lieu qu'on le voie agoniser sur scène, on apprenait la mort de Bousille par un coup de téléphone, en quelques mots seulement: «Il est monté au grenier... il s'est pendu...» C'était une chute bien meilleure, beaucoup plus dramatique que la précédente.

Pendant tout ce temps, il avait travaillé pour améliorer son œuvre, et il avait réussi. Pourtant la pièce avait déjà reçu d'excellentes critiques et la réponse du public était fantastique. Dans les mêmes circonstances, un autre se serait contenté de savourer son succès. Pas Gratien Gélinas...

J'ai dit plus haut qu'entre le moment où j'ai joué dans *La Bande à Bonnot* et l'audition pour *Bousille et les justes,* j'avais eu la chance de rencontrer une idole de jeunesse. Cette histoire n'a rien à voir avec ce qui suit ou avec ce qui précède mais c'est un de mes beaux souvenirs de cette époque où j'étais encore à l'emploi de Radio-Canada, et où j'avais du front tout le tour de la tête tout en étant passablement innocent.

Depuis que j'étais tout petit, Fernandel était l'un de mes comiques préférés. J'avais vu tous ses films, écouté tous ses disques et lu tout ce qui avait pu s'écrire sur lui. Quand j'ai entendu dire, au printemps de 1959, que Fernandel venait se produire à Montréal, je me suis donc précipité pour avoir un billet et je m'y suis pris si tôt que j'ai obtenu une place dans la première rangée.

Le voir de si près, en spectacle, c'était déjà pas mal. Mais je visais plus haut: je voulais le rencontrer personnellement, lui dire à quel point je l'admirais et lui serrer la main. Alors, pour être sûr de ne pas le rater, et comme je me doutais qu'il y aurait foule dans sa loge après le spectacle, je me suis dit qu'il vaudrait peut-être mieux y aller avant... J'étais jeune et je ne savais pas que c'est une chose qui ne se fait pas: sauf en de rares exceptions, on ne doit jamais déranger un artiste avant sa prestation.

Il faut dire avant d'aller plus loin que Fernandel n'a jamais aimé prendre l'avion. Il avait horreur de voler. Il était donc venu au Canada par bateau et, au cours de la traversée, il avait eu le grand malheur de perdre un très bon ami qui l'accompagnait. Son deuil s'ajoutant au trac habituel, je vous laisse deviner dans quel état d'esprit il se trouvait, seul dans sa loge, quelques instants avant de monter sur scène.

Quant à moi, je le répète, mon seul désir était d'attendre sa sortie afin de lui serrer la main. Rien de plus. Mais quand j'ai voulu me faufiler en coulisses, un gardien m'a arrêté et j'ai été forcé d'improviser. Je lui ai présenté ma carte d'identité de Radio-Canada, sur laquelle je dois préciser qu'il n'était pas écrit que j'étais un simple commis à la discothèque. Le gars a dû penser que j'étais un recherchiste, voire un réalisateur, car il a fait ni une ni deux, il est parti avec ma carte pour revenir quelques instants plus tard en disant solennellement:

— M. Fernandel vous attend.

C'était beaucoup plus que ce que j'espérais. C'était même trop. Maintenant, j'avais un rendez-vous d'affaires avec Fernandel et je n'avais rien d'autre à lui offrir que mon admiration. Je ne pouvais pas reculer mais j'étais horrifié. En marchant derrière le gardien, je me disais: «Qu'est-ce que j'ai fait ? Pauvre Fernandel, il va être tellement déçu...» Finalement, nous sommes arrivés devant sa loge, le gardien a frappé et a ouvert en disant: «Monsieur Fernandel, voilà...», et je suis entré.

Moi qui avais toujours vu Fernandel au cinéma, je ne me doutais pas qu'il pouvait être autrement dans la vie. Je m'attendais à voir sa mine réjouie, son sourire légendaire... Au lieu de quoi, c'était comme si j'étais devant quelqu'un d'autre. J'étais devant un homme d'affaires qui reçoit quelqu'un de Radio-Canada pour discuter éventuellement d'un contrat.

Il était là, devant moi, sérieux comme un pape dans sa robe de chambre, une serviette autour du cou, ma carte bien en vue sur sa table de travail, et il me dit simplement, avec un accent interrogatif:

— Monsieur...

Que pouvais-je faire? Que peut-on dire dans une situation pareille à part la vérité? Je lui ai dit tout bonnement qu'il y avait eu méprise, que j'étais un simple admirateur, que mon geste avait dépassé mes intentions mais que finalement mon but était atteint puisque je l'avais rencontré. Il a souri et m'a reconduit vers la porte en disant:

— Avant, ce n'est pas tellement le temps, vous comprenez. Venez après le spectacle, nous parlerons plus longuement.

Je suis retourné dans la salle, ému et joyeux. J'ai assisté à son spectacle et je l'ai revu ensuite dans sa loge, où il a même eu la gentillesse de se laisser photographier avec moi.

Depuis que je fais ce métier, j'ai eu la chance de rencontrer de nombreuses vedettes d'ici et d'ailleurs, dont certaines faisaient aussi partie de mes idoles de jeunesse. Cependant, je n'ai jamais oublié Fernandel tel qu'il m'est apparu ce soir-là, avec son sourire, sa gentillesse, sa tristesse aussi... et ses airs d'homme d'affaires. Comment oublier une soirée pareille?

Showtime!

Formé par François Rozet, aiguillé par Paul Buissonneau et lancé par Gratien Gélinas, vous allez dire que ça allait de soi: il était tout à fait normal, avec une trajectoire comme celle-là, que j'aboutisse au cabaret... D'accord, ce n'est peut-être pas si évident.

Quoique, encore une fois, il faut faire l'effort de se replacer dans le contexte de l'époque. Depuis le début des années trente, grâce à des gens comme Jean Grimaldi, le théâtre burlesque jouissait d'une grande popularité partout au Québec. À Montréal, durant près de seize ans, La Poune avait dirigé les destinées du Théâtre National où j'étais moi-même allé la voir très souvent. Donc ce genre d'humour m'attirait énormément mais on se trouvait, en 1960, dans le creux de la vague pour ainsi dire. Il n'y avait plus de théâtre pour les comiques de burlesque et même quelqu'un comme Olivier Guimond, que j'avais vu deux ou trois fois et dont l'immense talent me semblait déjà plus qu'évident, devait se produire dans les cabarets...

Quant au théâtre dit sérieux, ou encore à la télévision, il faut se rappeler qu'en 1960, contrairement à aujourd'hui, il n'y avait pas beaucoup de rôles pour les jeunes, encore moins pour les jeunes comiques... Et même si j'avais voulu faire autre chose que de la comédie, avec le physique que j'avais, il y avait peu de chances qu'on pense à moi pour les rôles dramatiques. Que voulez-vous? je n'y peux rien si j'ai une gueule de comique!

À ce sujet, je dois dire que j'ai compris très tôt dans la vie que mon apparence physique ne passait pas inaperçue. J'ai rapidement accepté le fait que je ne serais pas assez beau pour jouer les jeunes premiers et j'en étais vraiment ravi parce que je n'avais pas du tout la mentalité de l'emploi. Être beau, dans notre métier, est une qualité bien éphémère. Au début les femmes se pâment, bien entendu, mais très vite il en arrive un plus beau, un plus costaud, un plus jeune, et elles regardent ailleurs... Tandis que le comique rejoint un public plus vaste et surtout beaucoup plus fidèle. Les enfants, les adolescents, les hommes et les femmes de tous les âges peuvent faire partie de son public, et le fait qu'il vieillisse n'y change rien: on peut rider tant qu'on veut et continuer d'être drôle.

Donc on était en 1960, il n'y avait pas de rôle pour moi au théâtre ou à la télévision et la seule chose qui marchait, la seule qui pouvait faire vivre son homme sept jours par semaine, douze mois par année, c'était le cabaret. En participant à la Revue Bleu et Or présentée chaque année à la Comédie Canadienne par les finissants de l'Université de Montréal, j'ai rencontré Robert Desroches, un presque débutant comme moi, et nous avons décidé de faire équipe ensemble.

Comme je les collectionnais depuis l'âge de cinq ans, j'avais dans mes tiroirs une énorme quantité de blagues à partir desquelles j'ai écrit les deux numéros de notre premier spectacle. Je me souviens très bien de l'endroit. C'était au Riviera de Trois-Rivières et nous passions en vedette. Un duo comique passait toujours en vedette... Disons que dans ce cas, il serait plus juste de dire qu'on est passés en vitesse: on était tellement nerveux tous les deux que le numéro, qui devait durer trois quarts d'heure, s'est envolé en vingt petites minutes! On ne laissait pas aux gens le temps de rire, le trac nous empêchait d'entendre leurs réactions et on enchaînait gag après gag à un rythme fou de peur de perdre leur attention et qu'ils deviennent trop bruyants. Le deuxième numéro, composé de gags différents, est passé aussi rapidement. De sorte qu'à la fin de la soirée, après seulement deux représentations, on était épuisés comme si on avait couru le marathon.

Le lendemain, pendant tout l'après-midi, on a retravaillé nos deux numéros et déjà, ce soir-là, les résultats ont été bien meilleurs. Forcément, ça ne pouvait pas être pire! N'empêche que si quelqu'un m'avait dit, après cette première fin de semaine, que je ferais du cabaret pendant tant d'années, et même que je finirais par y prendre goût, je ne l'aurais jamais cru.

L'angoisse, pour un comique, c'est de raconter une blague que les gens ont déjà entendue, dont ils se souviennent encore vaguement, qu'ils pourraient même, à la rigueur, raconter eux-mêmes. Le rêve, en revanche, l'idéal du comique, ce serait de s'adresser à un public qui n'a aucune mémoire, à qui on raconte des histoires qu'il trouve drôles tout en sachant que le lendemain, le surlendemain et la semaine suivante, devant ce même public, les mêmes histoires vont avoir autant de succès parce qu'il aura tout oublié.

Eh bien! le public des cabarets c'est un peu le mélange des deux, un peu du meilleur et du pire. C'est le meilleur public parce qu'après avoir assisté au spectacle de neuf heures, il reste pour celui de onze heures; et il est tellement content après le spectacle de onze heures qu'on le retrouve encore comme un seul homme à une heure du matin pour le troisième spectacle. Mieux encore, étant donné qu'on est engagé pour la fin de semaine et qu'il n'y a bien souvent qu'un seul cabaret dans les environs, un seul endroit où il est possible de prendre un coup, ce sont souvent les mêmes qui ont tellement aimé le spectacle du jeudi qui reviennent vous voir le vendredi et encore le samedi soir.

Malheureusement, ils ne viennent pas vraiment pour vous voir: ils viennent prendre un verre... C'est comme s'ils étaient chez eux et c'est vous, en fait, qui vous obstinez à retourner les voir soir après soir. Et le pire c'est qu'ils ont beau boire, faire du bruit, parler, crier, ils finissent quand même, à force de les entendre, par connaître toutes vos blagues!

En général, au cabaret, plus l'artiste était connu et plus il avait de chances d'être écouté. Des débutants comme Robert et moi n'avions donc pas beaucoup d'espoir. Les gens nous donnaient à peu près deux minutes pour être drôles. Après quoi, comme ils étaient des habitués et se connaissaient tous, ils tournaient leurs chaises et se mettaient à parler de plus en plus fort jusqu'à ce que ça devienne intolérable. Quand on perdait le contrôle aussi tôt dans la soirée, certains spectacles pouvaient devenir de véritables cauchemars. C'est pourquoi j'avais pris l'habitude de commencer avec une série de gags salés, n'importe quoi pourvu que ce soit en bas de la ceinture. Il n'y avait rien de tel pour attirer leur attention.

Mais les gags salés ne suffisaient pas toujours, et même s'ils réussissaient pour un temps à nous obtenir la faveur du public, il en fallait beaucoup plus pour tenir notre bout durant toute la soirée. Ce n'est pas parce que le premier spectacle a bien marché que le deuxième et le troisième vont marcher aussi bien. Entre-temps, il peut y avoir une bagarre qui éclate, quelqu'un peut décider tout à coup qu'il vous a assez vu et alors l'atmosphère change du tout au tout.

Quand un client éméché se met à vous engueuler, qu'il vous crie après ou qu'il fait tout pour vous déranger, comment faut-il réagir? Faut-il l'assommer? L'ignorer? Essayer de s'en faire un ami?

Il n'y a pas de bonne réponse. Chaque spectacle est un défi, chaque soirée est différente. Il n'y a jamais deux situations exactement pareilles et il n'y a que l'expérience, finalement, qui peut nous apprendre à composer avec tout ce qui peut arriver.

Pour vous donner une idée du genre de problèmes qu'un comique de club doit surmonter, je me souviens d'un soir au Carmelo, un cabaret de Sept-Îles, où on a fait un sketch qui s'appelait *La Police*. C'est un numéro qu'on avait présenté bien souvent, Robert et moi, et dans lequel, par deux fois, on devait tirer au revolver. Or il y avait, tout près de la scène, un client qui dormait à poings fermés. C'était le troisième spectacle de la soirée et il était complètement paqueté. Quand on a tiré le premier coup de feu, il s'est réveillé tout à coup, il s'est levé et il s'est mis à frapper sur tout ce qui bougeait. Ça n'avait aucun sens. Il voulait se battre avec tout le monde comme si sa vie en dépendait.

Les autres clients, qui le connaissaient bien, tentaient de le calmer:

— Fais pas le fou, Raymond, calme-toi, fais pas le fou...

Il s'agissait, semble-t-il, d'un ancien combattant qui perdait les pédales quand il avait bu et qu'il entendait un coup de feu. C'était toujours la même histoire. Il devenait comme fou et il fallait s'y mettre à plusieurs pour arriver à le rasseoir et à le calmer...

Quand ça a été fait, Robert et moi avons continué notre spectacle sauf que le gars en question n'a pas mis de temps à se rendormir et qu'il nous restait encore un coup de feu à donner! Cette fois, au risque de briser le rythme, on a décidé d'être prudents, on s'est arrêtés en plein milieu du sketch en disant:

— Voudriez-vous réveiller Raymond, s'il vous plaît, sinon tassez-vous parce qu'il y en a une gang qui vont recevoir un coup de poing sur la gueule.

▲
Avec Désiré Aerts qui jouait l'Oncle Pierre, Olivier Guimond et Michel Noël dans une scène du *Capitaine Bonhomme*.

Avec Tino Rossi au Théâtre des ▶ Variétés.

◀ En 1967, lors de l'ouverture du Théâtre des Variétés, avec Paul Berval, Denis Drouin, Pierret Beauchamps, Olivier Guimond, Gilles Pellerin, Pierre Leroux, Yolande Circe et Roger Picard, le premier gérant du Théâtre des Variétés.

▲
En novembre 1968, au gala en l'honneur de Manda, avec Joseph Martel et Florida Roy.

◀ Avec Pierre Leroux et Huguette Saint-Louis.

Avec Denis Drouin ▶
et Olivier Guimond
dans *Cré Basile*.

▲
En 1968, lors du gala en l'honneur de Manda, on avait placé celle-ci entre ma mère et la mère d'Olivier Guimond.

En 1969, je fus élu Monsieur Radio-Télévision.

◀ Au gala en l'honneur de Manda, avec Nana de Varennes.

En 1972, j'ai reçu le ▶ prix «Affection Olivier Guimond», qui était décerné cette année-là pour la première fois.

◀ Charlie Beauchamp, danseur comique.

Émile Manseau, saxophoniste ▶ et arrangeur.

▲
Avec Maurice Beaupré,
Paul Desmarteaux,
Robert Desroches et
Fernand Gignac.

Avec Paul Thériault et ▶
Denise Andrieux dans
Une grande comédie.

◀ Dans *T'as ton voyage,* au Théâtre des Variétés, avec Robert Desroches, Muriel Berger, Yolande Circe, June Laval, Manda Parent, Fernand Gignac, Suzanne Langlois, Gilles Morneau, Paul Thériault et Paul Desmarteaux.

◀ Avec Juliette Béliveau lors de la journée d'ouverture du Théâtre des Variétés.

Avec Manda, au gala qui eut lieu ▶ en son honneur et où on voit Jean Grimaldi, à droite.

◀ Avec Maurice Legault, président de la Brasserie Labatt, et Olivier Guimond.

Alors ils ont réveillé Raymond et tout s'est bien terminé. Robert a tiré son coup de feu et personne n'a paniqué. Ensuite Raymond s'est rendormi et je suppose qu'il a passé une très belle fin de soirée...

Il n'y avait pas que les clients qui pouvaient être une source de distraction, il y avait aussi l'endroit lui-même où on travaillait. La plupart des propriétaires de cabarets étaient des gens bien organisés et leurs salles convenaient parfaitement à tous les genres de numéros. Il y avait par ailleurs des petits producteurs qui ne montaient des spectacles qu'à l'occasion et alors là, attachez vos tuques, c'était tout sauf bien organisé. J'ai vu entre autres une salle terrible, faite en L, où l'on avait mis des tables partout. Ainsi, puisque la scène était située à l'un des bouts du L, ceux qui étaient assis à l'autre bout ne pouvaient absolument pas nous voir. Alors, pour remédier à ce léger problème, l'organisateur avait installé de grands miroirs de façon que même ceux qui étaient assis à l'arrière de la mauvaise section puissent voir le spectacle qui avait lieu dans l'autre.
Aussi ingénieux soit-il, ce procédé était loin de satisfaire tout le monde. Les clients qui avaient payé pour voir des artistes en chair et en os n'étaient pas mieux servis que s'ils nous avaient vus à la télévision. Réfléchie par les miroirs, notre image leur arrivait toute déformée, rapetissée et méconnaissable. Dans mon cas, on pourrait presque dire que ça m'avantageait, mais Robert aimait moins ça...

Dans le même ordre d'idées, imaginez qu'il m'est aussi arrivé de donner un spectacle dans un garage, un grand garage, où l'organisateur de la soirée avait fait construire une scène en contreplaqué sur l'un des trucs qui servent à soulever les voitures. Aussi, quand le spectacle a commencé, la scène s'est lentement élevée dans les airs; et quand ç'a été terminé, on m'a redescendu doucement sur le plancher des vaches.

Il y avait des cabarets plus «tough» que d'autres. Le Café de l'est, par exemple, était un endroit formidable pour la comédie parce que le public aimait vraiment rire. D'un autre côté, c'était le genre de cabaret où tout pouvait arriver. Comme on se produisait sur une scène en forme de fer à cheval, qui faisait saillie sur l'espace réservé aux tables, il y avait toujours des gens assis à notre droite et à notre gauche. Je me rappelle avoir vu un gars assis à ma gauche sortir un revolver de sa poche en plein milieu de notre numéro, le déposer sur la scène et lui flanquer une poussée jusqu'à une table à notre droite où était assis un autre gars du même acabit, qui saisit le revolver sans dire un mot et le glissa sous sa ceinture comme si de rien n'était!

Pour vous montrer à quel point l'endroit était particulier, Marcel Gamache m'a raconté qu'un soir où il avait une course à faire entre le premier et le deuxième spectacle, il s'est rendu compte en montant dans sa voiture qu'on avait volé la radio. Il est aussitôt allé trouver le patron:

— Écoute, ç'a pas de bon sens. Je travaille ici, je laisse mon auto dans ton stationnement et je me fais voler ma radio!

— Fais l'autre show, répondit le patron, pis inquiète-toi pas avec ça...

Marcel a fait l'autre show et quand il est retourné à sa voiture, la radio avait été retrouvée et remise en place comme par magie.

Au Café de l'est, il y avait toujours quelqu'un pour essayer de vous vendre quelque chose. N'importe quoi, en fait, c'était le client qui décidait. Par exemple, il pouvait vous aborder comme ceci:

— Coudonc, toi, veux-tu une télévision?

À l'époque, il n'y avait pas deux ou trois téléviseurs dans chaque maison. Ce n'est pas tout le monde qui pouvait se payer un tel luxe. Alors une offre pareille, c'était de nature à vous intéresser:

— Une télévision? Ouais... Je le sais pas, qu'est-ce que t'as comme modèle?

— Quel modèle tu veux?

— As-tu une General Electric 21 pouces, mettons?

— J'en ai pas mais j'en attends.

Et quand le show finissait, le gars vous attendait à la porte avec la télévision en question. Un autre soir, le même gars s'était recyclé dans les imperméables:

— Coudonc, voudrais-tu un bel imperméable de première qualité?

— Quelle taille t'as?

— Quelle taille tu fais?

— Du 42.

— Du 42, j'en ai pas mais j'en attends...

C'est évident qu'il volait tout au fur et à mesure que les commandes rentraient. À la fin de la soirée, il vous attendait à la porte avec l'article recherché, de la bonne taille, de la bonne couleur, de la bonne grosseur et de la bonne marque. C'était son commerce et c'est au Café de l'est qu'il trouvait sa clientèle.

Le milieu des cabarets était un monde tellement fou et tellement dur parfois qu'on ne pouvait pas continuer de le fréquenter si on le faisait uniquement pour l'argent. Il fallait avoir soi-même une sorte de folie bien particulière. Il fallait aimer faire rire au point où tous les inconvénients, tous les désagréments du métier — qu'un autre aurait considérés comme insupportables — vous apparaissaient à vous comme une quantité négligeable, quelque chose qui ne comptait même pas. Ce qui ne veut pas dire qu'on était naïfs. C'était un monde ingrat, un peu mafieux, dans lequel il fallait toujours se méfier. Se méfier des escrocs qui organisaient des spectacles d'un soir et qui filaient avec la caisse avant d'avoir payé les artistes. Se méfier des agents qui vous chantaient la pomme et dont la plupart, il faut bien le dire, étaient des pommes pourries...

Pourt ma part, j'ai eu la chance de rencontrer Jeanette Daniel quand j'en étais encore à mes premiers pas dans les cabarets. C'est elle qui m'a toujours représenté pour ce genre de spectacles et c'est même elle qui est la marraine de mon fils, Olivier. Elle était devenue l'agent d'Olivier Guimond (qui jusque-là s'était fait rouler plus souvent qu'à son tour), de Guilda et de plusieurs autres qui n'ont jamais regretté de lui avoir fait confiance. Elle-même, d'ailleurs, n'accordait pas sa confiance facilement et elle défendait ses artistes farouchement. Dans les cas douteux, elle avait coutume de dire: «Pas de paye, pas de show!», et elle exigeait qu'on soit payés avant le spectacle. Elle était aussi correcte avec les propriétaires qu'avec les artistes et elle demandait seulement qu'on soit correct avec elle. Je n'ai jamais signé de contrat avec Jeanette Daniel, c'était inutile car c'était le genre de femme pour qui la parole donnée valait plus cher que tous les bouts de papier.

Ce dont j'ai parlé jusqu'ici, c'était au tout début des années soixante, à une époque où j'étais relativement peu connu du grand public. Quand j'ai commencé à faire de la télévision, et surtout quand j'ai acheté le Théâtre des Variétés, en 1967, j'aurais très bien pu mettre une croix sur le cabaret. Pourtant je ne l'ai pas fait. Durant des années, pour le simple plaisir de faire mon métier, j'ai continué à enregistrer des émissions de télé durant le jour, à jouer au Théâtre des Variétés et à courir les cabarets le soir et les fins de semaine.

Il est même arrivé, à la suite d'une fâcheuse erreur de calcul, que Mme Daniel nous engage, Robert, Manda et moi, à donner deux spectacles au cabaret de Brompton Lake (qui est situé à cent cinquante kilomètres de Montréal, près de Sherbrooke) un jour où nous avions aussi deux spectacles réguliers au Théâtre des

Variétés. L'erreur, ce n'était pas qu'on ait quatre spectacles le même jour, c'était que les deux spectacles de Brompton Lake soient prévus pour cinq heures de l'après-midi et dix heures du soir quand ceux de Montréal avaient lieu à deux heures et huit heures. C'est dire qu'après avoir joué en matinée au Théâtre des Variétés, on a pris la route de Sherbrooke pour arriver à cinq heures au cabaret de Brompton Lake; ensuite on est revenus à Montréal pour le spectacle de huit heures et on est retournés à Brompton Lake pour celui de dix heures. On a donc donné quatre spectacles et fait quatre fois l'aller retour Montréal-Brompton Lake dans la même journée, ce qui équivaut à un voyage de plus de six cents kilomètres!

Ce n'est pas un agent d'artiste qu'il nous aurait fallu, c'est un agent de voyage! Ou encore une ambulance: à la fin, Robert était couché sur la banquette arrière, malade comme un chien. Par contre Manda était en pleine forme. Elle avait plus de soixante-dix ans et elle s'amusait comme une jeune de trente ans. Il faut croire que la passion qu'elle éprouvait encore pour son métier, et le simple plaisir de jouer, lui avaient redonné ses forces d'antan.

La petite histoire qui suit est arrivée au début des années soixante-dix, du temps où on faisait beaucoup de cabaret en province. Souvent, après le dernier spectacle, au lieu de coucher dans le village où nous venions de jouer, Robert et moi préférions nous rendre immédiatement à l'étape suivante de notre tournée. Cette nuit-là, nous venions de terminer un engagement à Québec et notre prochain spectacle devait avoir lieu le lendemain dans un club situé à moins de cent cinquante kilomètres de là. C'était l'été, il faisait beau, alors suivant notre habitude nous avons décidé de prendre la route.

On a roulé, roulé, roulé sur des petites routes de campagne et il devait être deux ou trois heures du matin quand on s'est rendu compte qu'on était perdus. Il n'y avait aucun panneau de signalisation et plus on avançait, plus on avait sommeil, plus on était perdus et plus on risquait de manquer d'essence. À cette heure de la nuit, on savait qu'il ne serait pas facile d'obtenir des informations, alors j'ai dit à Robert:

— La première maison où y a de la lumière, tu t'arrêtes et on va s'informer.

Quelques minutes plus tard, on aperçoit justement une maison éclairée. Robert arrête la voiture, je descends, monte les marches qui mènent au perron et viens frapper à la porte moustiquaire. La vitre de la deuxième porte est masquée en partie par un store vénitien qui me laisse quand même assez d'espace pour voir une femme, assise dans une chaise berçante, qui se berce et qui sursaute en m'entendant frapper. Je la vois qui lève la tête, comme si elle se demandait: «Est-ce que j'ai bien entendu?» Je frappe à nouveau et cette fois elle se lève, s'approche de la porte, écarte le store prudemment et je devine à son air qu'elle m'a reconnu. Cependant, elle n'est pas sûre de son coup: Latulippe, dans son rang, à trois heures du matin, c'est difficile à croire! Alors elle laisse retomber le store et plutôt que de m'ouvrir la porte, je l'entends crier:

— Gertrude! Gertrude! Viens voir ça!

Une jeune femme apparaît alors dans l'escalier et la vieille écarte le store pour qu'elle puisse me voir, mais elle n'ouvre toujours pas... Au lieu de quoi, elle décide d'appeler le bonhomme:

— Papa! Papa! Viens voir, tu le croiras pas!

Et voilà qu'un vieux monsieur fait son entrée dans la pièce en maugréant, encore à moitié endormi.

— As-tu vu l'heure, la vieille? Es-tu virée folle, coudonc?

— Venez voir ça, venez voir ça, qu'elle répète en écartant le store et en me montrant aux autres comme si j'étais une apparition.

Finalement, une fois que toute la famille a pu me voir à travers la porte moustiquaire et confirmer un après l'autre que j'étais bien celui à qui je ressemblais, quelqu'un a eu l'idée de m'ouvrir.

— Comment ça va, Monsieur Latulippe? Vous seriez-vous perdu, par hasard?

J'ai répondu qu'en effet, Robert et moi nous étions perdus, que nous cherchions un endroit qui ne devait pas être bien loin et qui s'appelait l'Hôtel du Lac.

— Je vas t'expliquer ça, mon vieux, me dit le bonhomme en prenant une grande respiration. Tu vas partir d'icitte pis là tu vas rouler un bon boutte en ligne drette. Ensuite la première route que tu vas voir, tu tournes à gauche pis là tu roules à peu près un arpent, un arpent et demi sur cette route-là pis là, en arrivant à grange à Clophas, tu tournes à gauche...

Là-dessus, la bonne femme intervient:

— A brûlé l'année passée, la grange à Clophas, est rasée à terre!

— Ça fait rien, reprend le bonhomme, tout le monde sait ousqu'elle est, la grange à Clophas, et le voilà qui continue à me donner ses directives: donc tu tournes à gauche pis tu roules encore pendant une couple d'arpents pis là tu tournes encore à gauche.

Entre vous et moi, c'était la quatrième fois qu'il me faisait tourner à gauche... Je lui ai dit:

— Si je suis vos indications, le père, je suis revenu en face de chez vous!

— Y a rien compris, dit-il. Parle-z-y, sa mère, moi je m'en retourne me coucher...

Au bout du compte, grâce aux indications de «sa mère», nous avons pu retrouver notre chemin sans trop de difficulté. Sur le coup j'étais trop fatigué pour m'en rendre compte mais une histoire comme celle-là valait son pesant d'or. À peine remaniée, ç'aurait pu nous donner un bon sketch de cabaret, à Manda, Robert et moi; et j'imagine qu'un auteur comme Marcel Gamache, qui avait l'habitude de puiser son inspiration dans les événements de tous les jours, aurait pu en faire toute une émission de *Cré Basile!*

Souvenirs de mon père

Mon père était un drôle de bonhomme au fond. En connaissez-vous beaucoup, des gens qui prennent leurs vacances en taxi, avec les enfants, la mère et la belle-mère? Pourtant mon père n'était pas vraiment ce qu'on pourrait appeler un original ou un excentrique. Il était casanier, renfermé, routinier. Il n'avait pas beaucoup d'amis et pas beaucoup d'autres intérêts que son travail, sa famille... et les sports. Ce qui le distinguait, en réalité, c'est qu'il faisait toujours les choses à sa manière, *his way*, sans chercher à savoir ce que les autres en pensaient ou ce qu'ils auraient fait à sa place.

Si j'avais voulu, j'aurais pu vous raconter encore un tas de choses à son sujet. Il y a le fait, par exemple, qu'il n'a jamais répondu à un coup de téléphone de sa vie! À la ferronnerie, bien sûr, c'est lui qui s'occupait de tout: les retours, les achats, les réclamations, etc. Des problèmes, il était capable d'en prendre et il les réglait toujours lui-même, et toujours à la satisfaction du client. Mais quand il montait chez lui, vers huit heures ou neuf heures du soir, c'était fini. Il ne voulait plus entendre parler du commerce. C'est pourquoi nous avons sûrement été parmi les derniers dans le quartier à avoir le téléphone. Si mon frère et moi n'avions pas tant insisté, nous ne l'aurions peut-être jamais eu. Parce que mon père savait que s'il avait le téléphone à la maison, ses clients l'appelleraient à tout bout de champ: «Eugène, il manque une feuille de tôle pour réparer mon hangar. T'es juste en haut du magasin, tu pourrais pas descendre?...» Ou bien: «Eugène, je suis après peinturer ma galerie, il me faudrait juste une autre pinte de blanc...»

Quand le téléphone a fait son apparition à la maison, mon père nous a donc dit:

— Je vous avertis: si vous me passez le téléphone une seule fois, il prend le bord de la poubelle...

Le pire c'est qu'il l'aurait fait! Alors quand le téléphone sonnait, que ce soit de la parenté ou des clients qui appelaient, mon père n'était là pour personne. Au bout d'un certain temps, j'imagine que les gens se sont passé le mot: pour parler à Eugène, valait mieux attendre les heures d'ouverture... J'imagine aussi que si ma grand-mère Latulippe, par exemple, avait demandé à lui parler de toute urgence, il aurait bien voulu qu'on lui passe l'appareil. Mais le fait est que ça ne s'est jamais produit. Et quand mon père était seul à la maison, le téléphone pouvait sonner soixante-quinze fois, il ne répondait pas. Il aurait pu sonner durant six jours d'affilée, mon père n'aurait pas répondu!

Autre trait de caractère qui n'est pas sans importance: mon père était gourmand. C'est d'ailleurs la seule chose, à part les enfants, sur laquelle ma mère et lui s'entendaient parfaitement: ils aimaient manger et ils avaient tous les deux un énorme appétit. Ma mère était un petit bout de femme, elle devait peser une centaine de livres et presque toute sa vie, au moins jusqu'à l'âge de quatre-vingts ans, elle a mangé pour deux hommes. Manger deux steaks ou deux assiettées de spaghettis au cours du même repas, pour elle c'était une bagatelle.

Mon père était pareil. Il aimait manger et il mangeait absolument n'importe quoi. Sauf qu'il était diabétique... Au contraire de Bernard, il était déjà assez âgé quand il apprit qu'il souffrait lui aussi de cette maladie, et son cas était beaucoup moins grave que celui de mon frère. Quand même, le médecin lui avait prescrit un régime assez sévère tout en le soumettant à des contrôles réguliers afin de surveiller l'évolution de son diabète. Il avait une petite balance sur laquelle il devait peser les aliments et il fallait, une fois par mois, qu'il apporte un échantillon d'urine chez le médecin.

Vous imaginez le supplice, pour quelqu'un qui aime autant manger, que d'avoir à peser à chaque repas ses trois onces de carottes, deux onces de patates, six onces de viande, etc. Une vraie misère! Je dirais que mon père a dû suivre son régime pendant un jour ou deux au grand maximum. Avec pour résultat que le mois suivant, à son rendez-vous chez le médecin, il s'est fait pincer comme un écolier: ses tests d'urine l'avaient trahi...

— Eugène, lui a dit le médecin, t'as triché! T'as pas suivi ton régime!

Aïe! Surveiller son alimentation, faire pipi dans une petite bouteille, aller chez le médecin une fois par mois et se faire traiter de tricheur par-dessus le marché! Mon père ne l'a pas pris... Alors un jour, avant d'aller porter son échantillon, il m'a remis la bouteille en disant:

— Fais donc pipi là-dedans!

Ce que j'ai fait sans rechigner. Et quand mon père est revenu de chez le médecin, il rayonnait:

— Il a rien vu!

À partir de ce moment-là, c'est ainsi qu'on a procédé. Après avoir mangé tout ce qu'il voulait durant le mois, mon père apportait des échantillons d'urine qui étaient les miens et pour lesquels il recevait chaque fois des félicitations. Le médecin les trouvait parfaits. Quant à moi, je savais mois après mois que j'étais en parfaite santé...

Quand je dis que c'était un drôle de bonhomme! Vous en connaissez beaucoup, des pères (et des fils, tant qu'à y être) qui feraient un truc pareil?

Mon père est mort d'artériosclérose à l'âge de cinquante-six ans mais s'il avait soigné son diabète, s'il avait suivi son régime à la lettre, qui sait s'il n'aurait pas vécu quelques années de plus? Quoi qu'il en soit, je crois que mon père savait très bien ce qu'il faisait. Au lieu de vivre misérablement, en étant constamment forcé de se priver, il a choisi de vivre comme il l'entendait, à sa manière, quitte à vivre peut-être un peu moins longtemps.

Quelques années avant sa mort, mon père et moi avons fait un voyage à New York que je ne suis pas près d'oublier. Je ne sais plus pourquoi mon frère et ma mère n'avaient pas pu nous accompagner mais on peut dire qu'ils ont bien fait parce que ç'a été un voyage de misère du début à la fin.

Notre première erreur aura été de partir en avion et surtout sans réservations. D'autant plus que, si mes souvenirs sont bons, c'était soit le 4 juillet soit la fête du Travail. Autrement dit, il y avait du monde à New York... Arrivés tard le soir, on s'est rendus immédiatement à l'hôtel où on avait l'habitude d'aller, le Time's Square, qui était un endroit propre et bien situé, mais il n'y avait plus une chambre libre. On s'est donc retrouvés sur le trottoir avec les valises sous le bras et on a dû faire hôtel après hôtel pour aboutir devant une sorte de maison de passe. C'était un trou infect, sale, miteux, mais on n'avait pas tellement le choix: il faisait nuit, on était fourbus d'avoir marché et surtout convaincus de ne pas pouvoir trouver mieux... La chambre était tellement sale qu'on a couché tout habillés et qu'on a même été forcés d'utiliser des chemises propres en guise de taies d'oreillers.

Heureusement, dès le lendemain matin à la première heure, on a trouvé quelque chose de plus convenable, deux chambres simples avec porte communicante dans un hôtel confortable: le Time's Square... Avoir su, on aurait mieux fait d'attendre dans le hall!

En voyage ou en congé, mon père avait l'habitude de se lever tard alors que j'ai toujours été très matinal. Le deuxième soir, avant de nous coucher, j'ai donc pris soin de rappeler à mon père que la journée du lendemain serait bien remplie, avec une visite de la Statue de la Liberté et plein d'autres activités au menu. Il fallait quitter l'hôtel au plus tard vers neuf heures. Pour mon père, cela ne semblait pas poser de problème. Chacun a dormi dans sa chambre et je me suis réveillé le lendemain vers six heures du matin. Je me suis habillé et j'ai fermé la porte entre nos deux chambres. Ensuite je suis sorti, je suis allé déjeuner quelque part et, comme j'avais beaucoup de temps devant moi, je me suis promené dans les rues jusqu'à huit heures trente environ. En revenant à l'hôtel, j'étais sûr de trouver mon père prêt à partir, tel que nous avions convenu la veille. Mais non, il était toujours dans sa chambre, et même pas encore habillé.

— Pops, on avait décidé qu'on partait à neuf heures et vous êtes même pas habillé à l'heure qu'il est!

— Mon petit maudit, quand t'es parti, t'as fermé la porte communicante. Ça fait que tu m'as embarré de mon côté pendant que mon linge est de ton bord.

Je l'ai laissé s'habiller et on est partis plus tard que prévu... Je n'ai pas dit un mot, c'était ma faute...

À bien y penser, mon père et moi n'étions peut-être pas les compagnons de voyage les mieux assortis. Moi qui trouvais à rire dans toutes les situations, même les plus difficiles, je me rendais compte peut-être pour la première fois à quel point mon père était dépourvu d'humour.

Comme on le sait, la Statue de la Liberté peut être visitée de l'intérieur. Auparavant, on pouvait se rendre jusqu'au flambeau; maintenant on n'a accès qu'à la couronne, qu'on atteint en gravissant une série de petits escaliers en colimaçon. Et ça tourne là-dedans, ça tourne à l'infini...

J'ai été le premier à monter, mon père montait derrière et il était suivi par un petit garçon d'une dizaine d'années qui lui marchait littéralement sur les talons. Comme ces escaliers étaient trop étroits pour laisser passer qui que ce soit, et comme il recevait, à chaque marche, un coup de pied dans les chevilles, à un moment donné mon père s'est fâché. Il s'est tourné vers le garçon et il s'est mis à lui faire un discours dans son plus beau français. Le pauvre petit gars ne comprenait rien et il devait se demander à quel vieux fou il avait affaire.

Et ç'a été comme ça durant toute la fin de semaine. Tout allait mal et mon père le «prenait personnellement», comme on dit. À la fin, quand il a été question de revenir chez nous, le temps était tellement mauvais que notre avion n'a pas pu décoller. Nous sommes donc revenus par le train mais un ennui mécanique, à la gare de Burlington, nous a obligés à descendre et à prendre l'autobus pour rentrer à Montréal. Ce voyage de retour, aussi désastreux que le séjour lui-même, a duré vingt-quatre heures. C'était absolument épouvantable.

Malgré tout, parce que c'était la première fois que je voyageais seul avec mon père, ce court séjour à New York a été pour moi comme une révélation. À la fin, mon père et moi étions comme des vieux chums. Des chums qui se connaissent tellement bien que rien n'affecte leur amitié. Des chums très différents l'un de l'autre, qui ne s'entendent pas toujours, l'un qui rit et l'autre qui bougonne... mais des chums tout de même.

Je ne vous ai pas encore raconté l'incident le plus drôle (ou le plus triste, c'est selon). Comme vous le savez, mon père était un grand amateur de baseball, et son club favori était les Red Sox de Boston. Or cette semaine-là les Yankees, que mon père détestait, et les Red Sox s'affrontaient au Yankee Stadium. Malheureusement, dans le match que nous sommes allés voir, les Yankees menaient déjà neuf à zéro après sept manches de jeu. Une vraie dégelée! Ça aussi, mon père le prenait personnellement. Il fulminait! Je l'ai donc invité à quitter le stade durant la huitième manche. Il n'y avait plus rien à voir, cela nous permettrait d'éviter le gros de la circulation et surtout, surtout cela contribuerait peut-être à le faire changer d'humeur. Nous avons pris un taxi et lorsque nous sommes arrivés à l'hôtel, nous avons appris que tout avait changé: Boston avait effectué une spectaculaire remontée pour finalement l'emporter par le compte de dix à neuf. Évidemment, mon père voulait me tuer parce qu'il avait tout raté.

Moi je n'ai pas dit un mot, comme d'habitude. Mais cette fois-là, franchement, c'était pas ma faute...

Mon père est mort le 10 juin 1960. C'était un vendredi soir et il devait être neuf heures et quart quand il est monté de la ferronnerie après sa journée de travail.

Selon son habitude, il est entré dans sa chambre, il s'est assis sur son lit et tout à coup il est tombé... Il était mort.

La mort c'est aussi bête que ça. Et ça frappe toujours aussi fort. À l'époque, j'avais vingt-deux ans et c'était la première fois qu'une personne aussi proche de moi mourait. Je sais maintenant qu'on ne s'habitue pas. Mon père est mort subitement mais même quand la mort vient à la suite d'une longue maladie, on a beau dire qu'on s'y attendait, qu'on a eu le temps de se faire à l'idée et qu'on n'est pas vraiment surpris, ce n'est pas vrai. C'est toujours le même étonnement. Il y a le moment d'avant et le moment d'après. Tant qu'une personne est vivante, même si elle est gravement malade et qu'on en vient presque à espérer sa mort, on a encore un peu d'espoir. Dès l'instant qu'elle est morte, on n'a plus qu'une immense peine.

En 1960, j'avais déjà commencé à travailler dans les cabarets mais ce soir-là, pour une raison quelconque, j'étais à la maison... Quand mon père est monté et qu'il est entré dans sa chambre, ma mère a cru qu'il allait se changer, comme d'habitude, et c'est seulement après quelque temps qu'elle a commencé à s'inquiéter. Je me souviens que j'étais au téléphone quand elle est venue me prévenir.

— Écoute, dit-elle, y a quelque chose qui ne va pas. Ton père est couché. Toutes les lumières sont fermées.

— Il vient d'arriver de travailler, maman. Il doit être fatigué, c'est tout. S'il veut s'étendre quelques minutes...

Finalement, comme le temps passait et qu'il tardait à se réveiller, et comme ma mère s'inquiétait de plus en plus, je suis allé dans la chambre et c'est ainsi que j'ai constaté la mort de mon père. Il était étendu sur le dos, dans son lit. Il était mort subitement... Ensuite j'ai téléphoné au médecin, puis les gens des pompes funèbres sont arrivés...

Je me souviens qu'il était très tard, j'étais resté seul dans la chambre et je regardais par la fenêtre. Au moment même où les gens sortaient de la maison avec le corps de mon père, j'ai vu une bande de gars qui marchaient sur le trottoir d'en face et qui riaient, qui se racontaient des blagues et qui avaient tous l'air d'avoir un fun vert.

Sur le coup, pendant une fraction de seconde, j'ai été choqué. Je ne pouvais pas croire que d'autres puissent s'amuser pendant que moi je vivais le plus grand drame de ma vie. Et puis j'ai compris que ce drame, justement, c'était le mien, celui de mon frère et celui de ma mère. La terre n'allait pas s'arrêter de tourner parce que mon père était mort, et je ne pouvais pas me fâcher parce que d'autres, de l'autre côté de la rue, n'avaient pas autant de peine que nous.

C'est le contraste qui était choquant, et c'était pourtant tout à fait normal. Le contraste, c'est la vie qui continue au moment où on n'y pense plus. Et c'est aussi ce que j'ai compris dans cette fraction de seconde: il va bien falloir que la vie continue...

Ce que je ne savais pas, c'est que mon père continuerait aussi à faire partie de ma vie. Ceux qui meurent sont pour moi aussi présents que s'ils étaient là, à côté de moi. Si je parle encore d'Olivier Guimond, par exemple, avec autant d'ardeur et autant de chaleur, c'est parce que j'ai réellement l'impression de l'avoir vu pas plus tard qu'hier ou avant-hier. C'est la même chose avec mon père, qui est mort il y a presque trente-sept ans. Je peux encore entendre sa voix dans ma tête aussi clairement que sur un enregistrement. Je n'ai qu'à fermer les yeux pour le voir apparaître et sa présence dans ma vie est aussi réelle maintenant qu'elle l'a toujours été.

Quelques mois après les funérailles de mon père, j'étais de retour d'une tournée quand je me suis occupé de faire inscrire son nom et la date de son décès sur sa pierre tombale. Je suis donc allé dans une maison spécialisée dans ce type de travail et on m'a assuré que tout serait prêt le vendredi suivant. Entre-temps, j'ai reçu une lettre de la banque me demandant de passer les voir: on avait vidé les comptes bancaires mais on n'avait pas versé les intérêts. Le vendredi suivant, avant d'aller payer l'inscription, je suis donc passé par la banque où on m'a remis un chèque de trente-cinq dollars et trente-trois sous. Eh bien, vous ne me croirez pas mais quand je suis allé régler la facture de la pierre tombale, celle-ci s'élevait exactement au même montant, pas un sou de plus et pas un sou de moins!

J'aurais pu recevoir le chèque le lendemain ou une semaine après, le montant aurait pu varier de quelques cents. Non... Cette inscription sur la pierre tombale, c'était la dernière chose qu'on pouvait faire pour lui mais c'est comme si mon père n'avait pas voulu que je dépense un sou de ma poche.

Ou bien c'est comme si cette dernière chose, justement, ce dernier problème, il avait voulu le régler lui-même...

Télévision/Prise 1
(Du capitaine et d'autres grands bonshommes)

Quand on a ouvert le canal 10, en 1961, il y avait tout un panier de talents que Radio-Canada boudait et que j'ai décidé, moi, d'utiliser.

ROBERT L'HERBIER

L'un de mes tout premiers rôles pour la télévision, curieusement, c'est à José Ledoux que je le dois. Le même José Ledoux à qui j'avais dit non, quelques années plus tôt, quand il m'avait offert de me joindre à sa troupe. Après avoir passé une audition pour Radio-Canada, il m'a téléphoné:

— Ils m'ont fait venir, dit-il, parce qu'ils veulent produire une série de films muets en collaboration avec Serge Roy Productions, mais dans le fond c'est pas moi qu'il leur faut, c'est un comique. Va donc les voir, je leur ai parlé de toi.

Il y a près de quarante ans de cela et je m'en souviens comme si c'était hier. Surtout que José Ledoux ne me connaissait quasiment pas, qu'il ne m'avait vu qu'une seule fois et qu'il ne me devait rien. C'est quand même étonnant et c'est pourquoi je tiens encore à le remercier après toutes ces années. Le rôle pour lequel il avait auditionné et que j'ai fini par décrocher était celui d'Antoine dans la série du même nom. Ces treize demi-heures de cinéma muet destinées à la télévision furent tournées en 1959-1960. Mon personnage avait pour père le comédien Roland Bédard et nous avions un ami commun, joué par Maurice Beaupré.

Après *Antoine,* j'ai joué dans *La Boîte à surprises* durant quelques saisons. Dans le *Pirate Maboule,* j'apparaissais sous les traits de Jerry le Tatoué, une espèce de bandit dont le complice était Marcel Cabay; et dans *Gédéon le musclé,* une émission sans doute moins connue, qui n'a duré qu'une seule saison, je jouais un singe, ami et partenaire de l'homme fort Percy Rodriguez. À Télé-Métropole, toujours au début des années soixante, j'ai eu ma propre émission pour enfants: *Titoto le Clown,* dans laquelle je racontais des contes modernes ou anciens, comme Blanche Neige, Tom Pouce, La Belle au bois dormant, dont les personnages prenaient vie à l'écran. Tom Pouce, par exemple, venait me trouver, je le tenais dans ma main, lui parlais, le déposais par terre — et tout ça en direct! Ensuite sont venues des émissions plus connues, dont on se souvient encore, comme *Le Zoo du capitaine Bonhomme, Cré Basile, Le Cinq à six* avec Fernand Gignac, *Symphorien, Les Brillant, Poivre et Sel* et enfin *Les Démons du midi* avec Suzanne Lapointe.

En définitive, je pense qu'il n'y a pas une saison, entre 1963 et 1993, soit de la première année du *Capitaine Bonhomme* jusqu'à la dernière des *Démons du midi,* où je n'ai pas eu au moins une émission au petit écran, voire deux ou trois en même temps. Pour n'en nommer encore que quelques-unes parmi celles qui me viennent à l'esprit, il y a *Les Tannants, Gags à gogo, Le Qui Club* avec Fernand Gignac, *Alors raconte, Lecoq et fils* et *Parle parle jase jase* avec Alain Stanké. Je ne dis pas ça pour me vanter, au contraire: c'est pour dire comme j'ai été choyé. Je suis arrivé à la télévision juste au bon moment, soit peu de temps avant que Télé-Métropole n'ouvre ses portes; et j'ai eu la chance d'y travailler avec des gens extraordinaires, des gens comme Olivier Guimond, Marcel Gamache et Michel Noël, entre autres, sans qui ma vie aurait été moins riche et ma carrière sans doute fort différente. Mais celui dont je voudrais parler en premier n'est pas auteur ni comédien et la plupart des gens ne l'ont jamais vu à l'écran. Pourtant c'est l'un des grands de notre télévision et j'ai nommé Robert L'Herbier.

J'ai été l'élève de François Rozet. Je suis arrivé chez lui avec un tout petit talent qu'il a réussi à développer et je l'en remercie. Mais il a surtout réussi à me communiquer, à moi comme à tous ses élèves, son grand amour du théâtre. Il y eut peut-être, je dis bien peut-être, de meilleurs acteurs que lui mais de meilleurs professeurs, je n'en connais aucun. C'était un maître dans le vrai sens du mot, c'est-à-dire qu'il maîtrisait parfaitement son art et qu'il représentait pour ses élèves une sorte d'idéal à atteindre.

Robert L'Herbier avait aussi le don de nous enthousiasmer pour la télévision. Quand le canal 10 naissant lui a confié le poste de directeur de la programmation, il a eu l'intelligence de reconnaître qu'il s'agissait d'un média nouveau, encore en pleine croissance, dont il ne connaissait pas lui-même tous les rouages et toutes les possibilités. Alors il faisait de nous, les artistes, des collaborateurs, des alliés.

Quand il nous appelait, même s'il disait par exemple: «Viens donc me voir à mon bureau, Latulippe, j'ai un show pour toi», en fait il n'avait pas de show: tout ce qu'il avait c'était une heure d'antenne et l'émission comme telle restait entièrement à définir.

Le grand talent de Robert L'Herbier, c'était de nous faire comprendre qu'il avait réellement besoin de nous, de notre contribution, de notre imagination. C'était formidable car il n'imposait rien, aucune contrainte, aucune condition. En quittant son bureau, chacun savait seulement qu'il avait une période d'antenne à sa disposition et il s'agissait de revenir le voir avec des idées, des idées et encore des idées. Si L'Herbier en trouvait une bonne, il nous donnait notre demi-heure ou notre heure selon le cas. Dans le fond il nous traitait comme des auteurs responsables mandatés pour créer.

Cette façon de procéder était extrêmement stimulante et pour Robert L'Herbier la moisson fut si riche qu'elle fit le succès du nouveau canal 10. En tout cas c'est ainsi que sont nées la plupart des émissions auxquelles j'ai participé. Pour *Cré Basile,* par exemple, au départ il n'y avait rien de bien défini mais il y avait trois hommes qui voulaient à tout prix trouver un véhicule pour mettre en vedette le talent d'Olivier Guimond: c'étaient Maurice Legault de la Brasserie Labatt, Marcel Gamache et Robert L'Herbier. Pour *Le Zoo du capitaine Bonhomme,* Michel Noël avait plus ou moins carte blanche et c'est à lui que je dois l'honneur d'avoir fait partie de son joyeux quatuor. Robert L'Herbier était le catalyseur, c'est lui qui enclenchait le processus mais une fois que l'émission était lancée, et tant que les choses allaient bien, il nous faisait entièrement confiance.

Pour revenir à *Cré Basile,* je ne suis pas sûr que l'émission aurait eu autant de succès, ni même qu'elle aurait vu le jour sans ce climat de confiance dans lequel chacun pouvait s'exprimer et travailler librement. Il faut se rappeler qu'à l'époque, les comédies de situation n'existaient pas encore chez nous. C'était tout nouveau et tout le monde avait beaucoup à perdre dans l'aventure. En engageant Marcel Gamache, L'Herbier prenait un risque terrible. Jusque-là, Marcel n'avait écrit que pour la radio en plus de monter diverses revues dans les cabarets, mais il ignorait tout de l'écriture pour la télévision; lui aussi d'ailleurs y jouait sa réputation d'auteur comique. Quant à la Brasserie Labatt, qui n'avait jamais fait de publicité, elle y risquait ses derniers sous. Dans le temps, Labatt vendait une caisse de bière par semaine et encore, par la porte d'en arrière; personne n'en voulait.

Aujourd'hui, avec le recul, il est facile de dire que *Cré Basile* était un «winner», une affaire sûre. Jusqu'à un certain point, les personnages pouvaient faire penser à ceux des *Honeymooners* de Jackie Gleason: deux couples d'amis qui vivent l'un au-dessus de l'autre; mais là s'arrête toute ressemblance. Les situations, les scénarios étaient entièrement originaux et Marcel Gamache aurait très bien pu se casser la gueule, même avec un talent pur comme celui d'Olivier Guimond. Mais Marcel connaissait bien Olivier et surtout il avait confiance en tous ceux qui l'entouraient. Il savait qu'il travaillerait avec des amis, des gens à qui il pourrait dire le fond de sa pensée et qui n'hésiteraient pas non plus à lui parler franchement si quelque chose n'allait pas. Marcel Gamache était un homme droit, entier, pour qui l'amitié était une chose extrêmement importante. Si on lui avait imposé une équipe et des comédiens qu'il connaissait moins bien, je ne sais pas s'il aurait tenté le coup... Et qui sait si *Cré Basile,* écrit par un autre, n'aurait pas été, justement, qu'une pâle imitation des *Honeymooners*?

Quoi qu'il en soit, Marcel a plongé; Robert L'Herbier et Maurice Legault ont osé; et on connaît maintenant les résultats. *Cré Basile* a été l'un des plus grands succès de notre télévision et les ventes de la Brasserie Labatt, parties de rien, ont grimpé en flèche, dépassant de beaucoup les prévisions les plus optimistes.

À ce sujet, il faut que je raconte l'anecdote qui suit. Quand on sait à quel point Olivier Guimond s'était fait rouler dans les cabarets et en tournée, comment il s'était fait arnaquer toute sa vie par des gens sans scrupules, on comprendra qu'il ait hésité quand on lui a donné le choix, au début de la première saison, entre un cachet fixe et un salaire au pourcentage, variant selon les ventes. Olivier avait opté pour la sécurité d'un salaire régulier, fixé d'avance, en se disant probablement qu'un tiens vaut mieux que... rien du tout. À la fin de la saison, Maurice Legault l'avait fait venir dans son bureau pour lui remettre sa dernière paye.

— Si t'avais choisi d'être payé au pourcentage, tu sais que t'aurais fait beaucoup plus, dit-il à Olivier en lui présentant son chèque, puis il avait ajouté en souriant: Disons que t'as choisi le pourcentage.

Alors il déchira le premier chèque avant d'en faire un autre d'un montant beaucoup plus important. De toute sa vie, Olivier Guimond n'avait jamais vu une telle générosité. Il est vrai que jamais personne ne l'avait mérité autant que lui mais quand même, rien n'obligeait Maurice Legault à agir de la sorte. Sauf que Maurice Legault — qui était entré chez Labatt comme simple chauffeur de camion et qui allait gravir tous les échelons jusqu'au poste de président —, c'était un gars comme ça. «Olivier Guimond m'a mis sur la carte, disait-il, et je l'oublierai jamais.»

Robert L'Herbier était aussi le genre de gars qui aimait faire des *deals,* si vous voyez ce que je veux dire. C'était vraiment un grand bonhomme, Robert. Même quand le canal 10 tenait le haut du pavé, en grande partie grâce à lui d'ailleurs, sa porte était toujours ouverte. Comme ça, sans rendez-vous, on pouvait toujours aller lui dire bonjour, comment ça va, et on en avait pour quelques minutes à jaser de choses et d'autres. Il fallait se méfier, par contre, si on avait le malheur d'aller le voir pour lui demander une augmentation de salaire au moment où lui-même commençait à se dire qu'on lui coûtait un peu cher. C'est alors qu'il vous proposait un de ces *deals* dont il avait le secret...

Je le revois encore quand il s'installait derrière son bureau, bien calé dans son fauteuil avec un énorme cigare à la bouche. Quand il allumait son cigare, en général c'était le signal que les négociations commençaient pour de vrai.

— Écoute bien, disait-il, écoute bien là! Je vais te donner ton augmentation de salaire mais de ton côté il faudrait que tu me fasses une autre émission. Mettons une émission hebdomadaire, qu'est-ce que t'en dis? Penses-y deux minutes...

Non, ce n'était pas facile d'avoir le dessus... Pendant qu'on y pensait, lui continuait de tirer sur son cigare et il faisait tellement de fumée qu'à la fin on ne le voyait plus. Il vous perdait dans la brume, littéralement. Alors on se disait intérieurement: «Faire une émission de plus, une fois par semaine, c'est pas la fin du monde...», et on finissait pas accepter sa proposition.

En sortant de là, on lui serrait la main derrière son écran de fumée et on avait l'impression d'avoir obtenu ce qu'on voulait. En réalité, l'augmentation de salaire s'accompagnait d'une telle augmentation de travail qu'on n'avait rien gagné du tout. C'est lui qui avait gagné et la nouvelle émission allait lui permettre de s'acheter encore plus de cigares avec lesquels il pourrait continuer de vous emboucaner encore pendant des années!

J'ai fait tellement d'émissions à Télé-Métropole que je ne me souviens plus exactement lesquelles furent le résultat de l'un de ces *deals*. Parce qu'il arrivait aussi qu'on en vienne à animer ou à coanimer une émission presque par hasard, parce qu'on se trouvait simplement au bon endroit au bon moment. Lancée en 1968, *Le Cinq à six* est l'une de ces émissions dont j'ai gardé des souvenirs extraordinaires et que j'aurais très bien pu ne jamais animer si le hasard — et L'Herbier... — n'avaient pas si bien fait les choses.

À l'époque, je venais de finir une série écrite par Réal Giguère qui s'appelait *Lecoq et fils.* Au même moment, Fernand Gignac animait *Toast et café,* émission matinale à laquelle je me suis joint mais uniquement pour la saison d'été, alors que la plupart des membres de l'équipe régulière prenaient congé. L'automne venu, comme l'émission d'été avait très bien marché, Robert L'Herbier eut l'idée de reprendre la formule dans une nouvelle émission qui serait diffusée l'après-midi, de cinq à six. Il faut dire qu'à l'époque, c'était une heure où les habitudes d'écoute étaient si changeantes qu'on ne se donnait même pas la peine de les mesurer; on commençait à s'en préoccuper à partir de sept heures du soir. Le succès du *Cinq à six* confirma encore une fois le flair de L'Herbier, car c'est à compter de ce moment que cette heure de la journée devint très importante sur le plan des cotes d'écoute.

Mais peu importe la façon dont j'en ai hérité, pour le seul plaisir de travailler avec Fernand Gignac, *Le Cinq à six* aurait bien valu n'importe quelle augmentation de salaire... et quelques boîtes de cigares. Fernand Gignac, pour moi, c'est sûrement l'une de nos plus belles voix en plus d'être un excellent comédien doté d'un sens du spectacle peu commun et d'une conscience professionnelle sans pareille.

Au *Cinq à six,* Gignac chantait, Latulippe racontait des blagues, et le public, composé de femmes en majeure partie, était mis à contribution. Dès le début de l'émission, on choisissait deux spectatrices au hasard à qui l'on confiait une mission à remplir en ville. Par exemple, on leur prêtait une caméra polaroïd et on leur demandait d'aller se faire photographier avec un policier ou un chauffeur d'autobus. Ou bien on leur demandait d'aller acheter un club-sandwich, par exemple, mais un club-sandwich dans lequel il devait y avoir une banane écrasée ou une tranche de melon d'eau. Quand elles revenaient, Fernand était forcé de goûter à ça.

Cette partie de l'émission était souvent la plus drôle et il est arrivé qu'on dépasse un peu les bornes. Un jour on a demandé à nos deux concurrentes de sortir en ville et d'en revenir avec... un bébé de moins d'un an! Il faut dire que tout le monde connaissait l'émission: policiers, chauffeurs d'autobus, restaurateurs, mères de famille; les gens n'étaient donc pas étonnés de se faire demander des choses inusitées. Mais quand même, un bébé! Néanmoins, la première femme est revenue comme si de rien n'était, avec un poupon dans un carrosse accompagné de sa mère. Pour nous c'était parfait, elle avait accompli sa mission. La deuxième est revenue elle aussi mais sans la mère, sans le carrosse, avec le bébé dans les bras. Ça aussi, pour nous c'était parfait... Sauf qu'une fois l'émission terminée, cette dame ne se rappelait plus où elle avait recueilli le poupon; elle s'était promenée dans les rues, avait frappé à plusieurs portes pour enfin trouver une femme qui avait un bébé de moins d'un an. Seulement cette mère, qui écoutait justement l'émission, ne pouvait pas se déplacer à cause de ses nombreux autres enfants. Elle lui avait donc confié le petit dernier en disant simplement:

— Prenez-le, vous me le rapporterez.

Et maintenant cette pauvre dame — qui ne connaissait pas Montréal, qui faisait partie d'un groupe venu à l'émission en autobus nolisé — ne se rappelait plus où, dans quelle rue, elle avait enlevé ce bébé-là. Il a fallu finalement que toute l'équipe s'y mette. Nous avons fait toutes les rues autour de Télé-Métropole, une à une, et la dame a fini par se rappeler.

Quant à la mère, elle n'a jamais su qu'on avait eu tant de mal à la retrouver. Quand on lui a remis son bébé, elle était contente et on peut même dire qu'elle n'était pas peu fière de lui. Parti incognito dans les bras d'une inconnue, il revenait avec le statut de vedette: tout le monde l'avait vu à la télévision!

Vous souvenez-vous de Désiré Aerts? Le nom vous dit vaguement quelque chose? Et si j'avais dit: vous souvenez-vous de l'oncle Pierre? Ah... Pour toute une génération de Québécois qui ont grandi dans les années soixante, ce nom-là est bien connu, certainement plus connu, en tout cas, que celui de son interprète.

Au *Zoo du capitaine Bonhomme,* l'oncle Pierre avait une chronique quotidienne au cours de laquelle il nous faisait partager ses connaissances sur les animaux. Mais on le voyait également dans la plupart des sketchs et chaque fois qu'une tarte prenait la voie des airs, invariablement, c'est lui qui la recevait! Depuis le temps, j'en ai moi-même reçu beaucoup, des tartes à la crème, je dirais même que j'en ai reçu plus souvent qu'à mon tour. Mais ça fait partie du métier, comme on dit, et c'est un métier que j'ai choisi. Désiré Aerts, lui, n'avait jamais demandé et probablement jamais pensé à gagner sa vie de cette façon! Mais il avait vite compris qu'il était le candidat idéal pour ce genre de truc et il acceptait avec beaucoup d'humour que nous ayons fait de lui notre souffre-douleur attitré. Je me souviens d'une journée où, par miracle, c'est quelqu'un d'autre qui avait reçu la tarte à la crème. Je m'étais tourné vers l'oncle Pierre pour voir sa réaction.

— Tu dois être content, lui dis-je.

— Non, répondit-il. J'ai l'impression que vous ne m'aimez plus...

Mis à part l'oncle Pierre, les seuls autres personnages réguliers au *Zoo du capitaine Bonhomme* étaient le capitaine lui-même et son cousin Freddy Washington, joués par Michel Noël et Olivier Guimond. Je ne sais pas pourquoi mais c'est ainsi que l'émission avait été conçue. Tous les autres personnages revenaient de façon plus ou moins régulière, on changeait chaque semaine et c'est moi qui les jouais tous. Il y avait M. Sansfaçon avec sa longue palette de casquette; il y avait le petit Pacifique avec son bâton de baseball, qui était un enfant aussi tannant que son frère Atlantique pouvait être tranquille; il y avait Pépère Cornet avec sa jambe de bois, le maharadja de Bradamapour, et j'en passe.

Le *capitaine Bonhomme* est sûrement l'un de mes plus beaux souvenirs de télévision. J'étais jeune et je me retrouvais tout à coup dans une émission extrêmement populaire, une émission qui marchait très fort et dont on a fait en cinq ou six ans un grand total de mille cents épisodes. À la télévision, chez nous, faire plus de mille épisodes est une chose assez rare, c'est un grand succès. Mais après trente ans, honnêtement, ce n'est pas du succès dont on se souvient le plus. Ce qui compte vraiment, ce que je retiens de toute l'aventure du capitaine Bonhomme, c'est qu'elle m'a permis de faire connaissance et de travailler avec Michel Noël et Olivier Guimond, deux gars qui allaient devenir de grands amis.

Vous imaginez, pour un jeune comme moi, quelle chance c'était de me retrouver chaque semaine sur le même plateau qu'Olivier Guimond! Je me sentais comme un joueur de hockey qui en est à sa première saison dans la Ligue Nationale et qui saute sur la glace en même temps que Maurice Richard, Guy Lafleur, Mario Lemieux ou Wayne Gretzky. C'était fabuleux!

Olivier Guimond est le seul acteur avec qui il m'arrivait, tout en jouant, de décrocher complètement. C'est-à-dire que j'étais là, je lui donnais la réplique, il se mettait à improviser et alors c'est comme si, tout en continuant de jouer, de l'alimenter, je devenais aussi spectateur; c'est comme si je n'étais plus sur scène mais dans la salle, avec les enfants. Par la suite, au Théâtre des Variétés, cela se produirait encore souvent mais à l'époque je ne connaissais pas Olivier Guimond aussi bien. Je ne connaissais pas ses limites, ses possibilités; je les découvrais et j'étais absolument fasciné de voir jusqu'où il pouvait aller...

De tout ce qu'il a fait pour la télévision, je crois sincèrement que c'est dans *Le Zoo du capitaine Bonhomme* qu'Olivier Guimond était à son meilleur, ne serait-ce que parce qu'il s'y trouvait dans son élément: dans l'*ad lib*. Dans *Cré Basile,* par exemple, il arrivait qu'on se mette à improviser mais ce n'était pas pour le plaisir de le faire, c'était par nécessité. Quand on improvisait, c'est parce qu'on venait de se rendre compte que l'émission, diffusée en direct et devant public, risquait de dépasser les trente minutes. Donc il fallait couper, mais couper où? couper quoi? On ne pouvait pas continuer comme si de rien n'était et finir l'émission sans le punch final; dans une comédie, c'est absolument impensable. Alors il fallait regarder ailleurs, couper avant. Mais comment faire pour couper au bon moment, d'un commun accord et sans se consulter? Ou bien on se rendait compte, au contraire, qu'on avait joué trop vite et qu'il fallait étirer le temps, ce qui entraînait d'autres sortes de complications. Travailler dans ces conditions, c'était de la haute voltige mais ce n'était pas de l'*ad lib* à proprement parler. Et puis, entre vous et moi, avec des as de l'improvisation comme Olivier Guimond et Denis Drouin, tout le monde finissait toujours par retomber sur ses pattes.

Quoi qu'il en soit, on n'avait pas ce genre de problème au *Capitaine Bonhomme* parce que tout, à l'exception du punch final, était improvisé. Il n'y avait rien d'écrit, pas de script, pas de dialogues... et pas de direct. Toutes les émissions de la semaine étaient enregistrées la même journée, le samedi, et la seule difficulté venait du fait qu'on ne les tournait pas dans l'ordre. Parce qu'il y avait toujours un vétérinaire invité aux émissions du mardi et du jeudi — et qu'on ne voulait pas le faire attendre toute la journée pour ses deux seules apparitions —, on commençait par les émissions des lundi, mercredi et vendredi. Ensuite on allait dîner, puis le vétérinaire arrivait et on enregistrait avec lui les émissions du mardi et du jeudi. Le problème, c'est que le capitaine ne se souvenait pas toujours où il était rendu quand venait le temps de raconter la suite de ses aventures. Après dîner, il fallait qu'il revienne en arrière pour raconter la suite de la toute première émission qu'on avait enregistrée vers huit heures du matin; et quand on passait à l'émission du jeudi, il était quatre heures de l'après-midi, tout le monde était fatigué et Michel Noël avait toute la misère du monde à suivre le fil de son histoire. Comment s'était terminé l'épisode précédent? Dans quel coin du monde est-ce qu'il s'était perdu? Contre qui se battait-il?

Lorsqu'il sentait qu'il était en train de s'embrouiller, il arrivait qu'il nous appelle à la rescousse, Olivier et moi, et le plus souvent c'était pour un motif des plus futiles. Par exemple:

— Dites-moi, d'après vous, est-ce que la bataille contre Don Alfredo a duré six heures, vingt-six minutes et treize secondes? Ou n'est-ce pas plutôt six heures, vingt-six minutes et douze secondes?

Même dans l'ordre, les aventures du capitaine étaient déjà assez compliquées à raconter; alors dans le désordre... D'un autre côté, pour Michel Noël, ce n'était pas vraiment un problème. C'était encore une occasion de rire, d'inventer, d'improviser. Michel Noël était un acteur extrêmement intelligent, extrêmement généreux. Pas étonnant si tout le monde l'aimait et si tout le monde acceptait d'embarquer dans son jeu, les adultes aussi bien que les enfants: on sentait qu'il était foncièrement bon et que son personnage du capitaine — plus grand que nature, toujours de bonne humeur, spirituel et naïf à la fois — lui ressemblait beaucoup.

Pour ceux qui auraient tendance à confondre les deux émissions, précisons qu'il y eut d'abord le *Zoo du capitaine Bonhomme*, dont Olivier Guimond, Désiré Aerts et moi faisions partie et dont je viens de parler; puis il y eut une autre émission avec le capitaine, le clown Patof et Mademoiselle Petits Oiseaux, émission qui ne dura qu'une ou deux saisons, dont les gens se souviennent sans doute un peu moins bien et qui s'appelait *Le Cirque du capitaine Bonhomme*.

Pour ajouter à la confusion, «Le cirque du capitaine Bonhomme» est aussi le nom sous lequel Michel Noël et moi avons entrepris quelques-unes des tournées les plus désastreuses qu'on ait jamais vues. Pourtant, c'était durant les belles années de la première émission, la publicité avait été confiée à une agence spécialisée, et il aurait suffi de peu de chose pour que les gens se déplacent. Dans le monde du spectacle, tout repose toujours sur ces trois piliers: promotion, organisation, publicité. Or ces tournées étaient sûrement le secret le mieux gardé au Québec!

L'une d'elles en particulier avait été si mal annoncée que partout où nous allions les gens nous arrêtaient dans la rue, surpris, et nous demandaient ce que nous venions faire dans leur coin. Personne ne savait que le cirque était en ville. Chaque jour, pour sauver les meubles, on se dirigeait en catastrophe vers la station de radio locale et on annonçait le spectacle du soir, de sorte qu'on réussissait chaque fois à réunir un tout petit public. Ceux qui n'avaient rien de mieux à faire, ceux qui n'avaient rien de prévu ce soir-là venaient nous voir avec leurs enfants.

De cette tournée, je me souviens entre autres du numéro de l'homme-canon avec lequel on ouvrait et fermait chaque spectacle. C'est-à-dire qu'au tout début, tout en montrant aux enfants l'impressionnant canon en bois dont il se serait servi, le capitaine leur annonçait qu'il venait d'apprendre par télégramme que son homme-canon lui avait fait faux bond. Dans sa déception, il s'exclamait: «Où vais-je pouvoir trouver un homme de son calibre?» Il rédigeait ensuite une petite annonce qui se lisait comme suit: «On cherche un homme-canon, aimant voyager, salaire: 1,25 $ le mille.» Et à la fin, comme on n'avait trouvé personne, c'est moi qui étais forcé de faire le numéro. Habillé en Titoto le clown, je me glissais dans la bouche du canon, il y avait une explosion, de la boucane, le projecteur décrivait une courbe jusqu'au filet où j'étais censé aboutir et le capitaine, voyant que rien ne se passait, commençait à s'inquiéter. Mille millions de tempêtes des tropiques! Se pouvait-il qu'il ait mal réglé la charge?

Finalement, bien entendu, j'arrivais par-derrière lui, le visage noir de cendre et les vêtements en lambeaux comme si j'étais passé à travers le toit… Et tout ça devant une poignée de spectateurs qui avaient appris par hasard, à la dernière minute, que le cirque était en ville.

Un autre numéro, au cours d'une autre tournée, avait énormément de succès tant auprès des enfants que des adultes qui les accompagnaient. C'était celui dans lequel le capitaine était surpris par son ennemi de toujours, l'infâme Don Alfredo e Don Pedro de Rodriguez, bzzz, bzzz. Don Alfredo nous capturait, nous ligotait et quittait les lieux non sans avoir auparavant allumé la mèche d'une bombe qui allait exploser d'un instant à l'autre. Plus tôt dans la soirée, les enfants avaient eu droit au numéro d'un chien savant, un chien qui faisait partie de tous les spectacles et qui s'appelait Silver; alors le capitaine appelait son chien qui était resté en coulisses et en principe Silver devait venir le détacher avant que la bombe n'explose...

J'ai bien dit «en principe». Parce qu'en pratique, le chien arrivait toujours en retard, il ratait son entrée et une fois sur scène il faisait tout sauf s'occuper du capitaine. Dans la salle les enfants criaient parce que la mèche se consumait et les parents se tordaient de rire parce qu'ils voyaient bien que le numéro était raté. À la fin, c'était le capitaine qui devait se lever, les mains ligotées derrière le dos, et se mettre à courir après le chien pour qu'il le détache. Mais il n'a jamais, jamais, jamais réussi à se faire détacher. Mille millions de tempêtes des tropiques!

Est-ce une façon de gagner sa vie, je vous le demande? Courir de ville en ville, se faire attaquer par des bandits, recevoir des tartes à la crème, s'habiller en clown et risquer sa vie en jouant les hommes-canons? J'avoue pour ma part que j'ai toujours eu beaucoup trop de plaisir à faire ce métier pour appeler ça travailler...

Parce que Télé-Métropole n'a pas conservé les enregistrements du *Capitaine Bonhomme,* peu de gens se souviennent qu'Olivier Guimond et moi faisions nos sketchs uniquement en ouverture et en clôture d'émission. Nous participions également aux jeux et nous intervenions chaque fois qu'on avait besoin de nous mais le temps qui restait, dans les intervalles entre les sketchs, entre nos interventions et entre les émissions, nous le passions en coulisses à jaser, jaser, jaser... Cela n'aurait peut-être pas une très grande importance, du moins à première vue, mais il faut dire que l'idée d'ouvrir un théâtre ne me serait peut-être jamais venue n'eût été de ces discussions avec Olivier Guimond.

Ces journées-là, on arrivait à Télé-Métropole vers sept heures du matin et on n'en sortait jamais avant cinq ou six heures du soir. On avait donc amplement le temps d'aborder tous les sujets mais la conversation, plus souvent qu'autrement, nous ramenait trente ans en arrière, fin des années trente, début des années quarante, soit au moment où Olivier avait commencé sa carrière. C'était l'époque du Théâtre Canadien, de l'Impérial et du Starland, le temps des grandes tournées avec M. Grimaldi, Mme Bolduc, Manda Parent, Alys Robi et compagnie. En d'autres mots, c'était l'âge d'or du burlesque.

Pour Olivier, cette époque, c'était le bon vieux temps. Donc il m'en parlait toujours avec beaucoup, beaucoup d'enthousiasme. D'un autre côté, puisqu'il s'agissait d'une époque bel et bien révolue, il y avait aussi dans ses propos une pointe de nostalgie. Ce qu'il regrettait surtout, en définitive, c'est que tous les théâtres consacrés au burlesque avaient dû fermer leurs portes un après l'autre (les derniers, à Montréal, étaient fermés depuis déjà une dizaine d'années) de sorte qu'il y avait maintenant tout un répertoire comique qu'on n'était plus en mesure de jouer.

Au cabaret, on fait des *bits*, des courts sketchs de dix ou quinze minutes; il n'y a à peu près pas de décors, à peu près pas de costumes, et le nombre d'acteurs se limite ordinairement à trois: le comique, le straight man et «la fille», la fille étant le plus souvent une danseuse ou une chanteuse. Tandis qu'au théâtre, dans le temps, toute la troupe jouait ce qu'on appelle des grandes comédies, des pièces presque totalement improvisées qui pouvaient durer entre quarante-cinq minutes et une heure.

Ce que je vous raconte là en quelques paragraphes, c'est un résumé bien maladroit des dizaines et des dizaines de conversations qu'Olivier et moi avons eues sur le sujet, conversations qui s'échelonnent en plus sur trois ou quatre ans. Alors quand je dis que l'idée m'est venue ainsi, forcément, il faut se comprendre... Au début ce n'était qu'une petite idée, une vague idée, et puis peu à peu, à force d'entendre parler de pièces comme *Le Vieux Garçon enragé, Pruneville sur mer, Le Juge, Le Bonhomme Beausoleil, J'attends ma tante,* je me suis dit qu'il fallait absolument trouver une façon de les jouer... et la seule façon, dans le fond, c'était d'avoir une salle, un théâtre.

À l'époque j'avais vingt-huit, vingt-neuf ans. Je n'avais pas de famille à faire vivre, pas d'obligations, rien. J'étais libre de faire ce que je voulais et ce que je faisais n'engageait encore que moi. Alors au pire, si ça ne marchait pas, je ferais faillite et je recommencerais. Et je me disais qu'à trente ans, avec une carrière qui allait déjà très bien, je n'aurais pas trop de mal à remonter la pente.

Cela dit, j'étais sûr que ça pourrait marcher. D'abord parce qu'au milieu des années cinquante, quand les théâtres comme le National puis le Radio-Cité avaient dû fermer, la télévision était encore une attraction, un phénomène nouveau que l'on ne pouvait pas concurrencer. Les gens étaient tellement fascinés qu'ils préféraient rester chez eux ou même rester plantés sur le trottoir devant les vitrines des magasins de télés — quitte à regarder la tête d'Indien pendant des heures — plutôt que d'aller au théâtre. Alors le soir de *La Famille Plouffe* ou les soirs de hockey, c'est entendu que les théâtres, et pas seulement les théâtres burlesques mais *tous* les théâtres, étaient vides.

Pour les propriétaires et les directeurs artistiques, c'était une période d'autant plus difficile que la plupart des émissions du soir étaient diffusées en direct, ce qui signifie que les acteurs eux-mêmes étaient forcés de choisir entre le théâtre et la télévision. Dès qu'un acteur avait la chance de travailler à la télévision, on était sûr de ne plus le revoir au théâtre; et cette situation a perduré jusqu'à ce qu'on commence à enregistrer les émissions durant la journée, laissant ainsi les acteurs libres de leurs soirées.

Sauf qu'on était maintenant en 1966, la plupart des émissions étaient enregistrées et cet engouement démesuré pour la télé était chose du passé. Mais ce n'est pas la seule raison pourquoi j'étais si sûr de moi. Il y a aussi que le répertoire dont Olivier me parlait était constitué de pièces non écrites, qui avaient toujours été improvisées à partir de simples canevas. Or la plupart des acteurs qui étaient en mesure de jouer ces pièces — qui en étaient en quelque sorte la seule mémoire —, tous ceux qui avaient fait les beaux jours du National et du Canadien dans les années trente et quarante, les Manda, Thériault, Pétrie, Béliveau, Grimaldi, Desmarteaux, La Poune, etc., étaient encore bien vivants. Je dirais même qu'ils étaient à ce moment-là au sommet de leur art. Ils avaient plus d'expérience, plus de savoir-faire, et ils désiraient plus que tout recommencer à jouer dans des conditions raisonnables, dans un vrai théâtre et devant un public qui vient pour les voir et non pour prendre un coup...

Alors voilà où m'avaient mené ces discussions. Fort d'un répertoire d'une centaine de pièces comiques, fort d'un capital humain absolument unique, j'ai décidé de tenter le coup. Je me suis mis à chercher une salle, j'ai cherché, cherché, et j'ai finalement trouvé un vieux théâtre désaffecté au coin de Papineau et Mont-Royal: c'était le Figaro, mieux connu jadis sous le nom de Théâtre Dominion. Je ne le savais pas au moment de l'acheter mais j'étais ravi quand j'ai su plus tard que le Dominion était l'un de ces vieux théâtres montréalais où l'on avait présenté du burlesque dans les années trente. C'est un lieu qui avait déjà une âme, une histoire, et la plupart des artistes que j'ai nommés plus tôt y avaient donc déjà travaillé durant leurs belles années.

Quant à moi, en 1930, je n'étais pas encore né. Par contre, je me souviens très bien que le Dominion s'était plus tard converti en salle de cinéma. Je m'en rappelle parce qu'à l'époque je n'avais pas l'âge requis pour être admis au cinéma et c'était l'un des rares endroits, avec le Caméo et le Majestic, où l'on était plus tolérant envers les adolescents. J'avais treize, quatorze ans et j'allais voir des films américains dans ce même édifice qui allait un jour m'appartenir.

Je vous passe les détails de la vente mais disons qu'un an et deux offres d'achat plus tard, c'était chose faite. En 1967, le 14 juin pour être exact, je prenais possession du théâtre.

Et après? Après, les choses se sont organisées petit à petit. Tous les grands comiques de la génération précédente sont arrivés l'un après l'autre, les uns pour faire leurs spécialités, leurs *bits,* les autres pour jouer dans les grandes comédies, et je me suis retrouvé dans la drôle de situation où c'était moi, le petit jeune, le nouveau, qui menais le bateau!

Deuxième partie
Le Théâtre des Variétés

▲
Le Théâtre des Variétés, trente ans après sa fondation, demeure le seul théâtre de music-hall et de burlesque.

◀ Une scène de *La Course au mariage,* avec Suzanne Lapointe, Georges Guétary et Danielle Oderra.

Dans *Balconville,* ▶ *P.Q.*, la scène où je devais transporter et échapper le sapré bloc de glace qui provoqua autant de rires que d'occasions de me blesser.

◀ Avec Pierre Lalonde et France Castel, dans *L'une n'attend pas l'autre.*

Paul Desmarteaux,
Paul Thériault et
Juliette Pétrie.
▼

▲
Avec Georges Guétary, Suzanne Lapointe et Michel Noël.

Au dixième anniversaire du Théâtre des Variétés, avec Fernand Gignac, Suzanne Lapointe et Michel Noël, ainsi que mon fils Olivier que je tiens dans mes bras.
▼

◀ En 1970, avec Léo Rivest et Claude Blanchard.

Avec Désiré Desmarteaux. ▶

◀ John Kelly et ses danseuses.

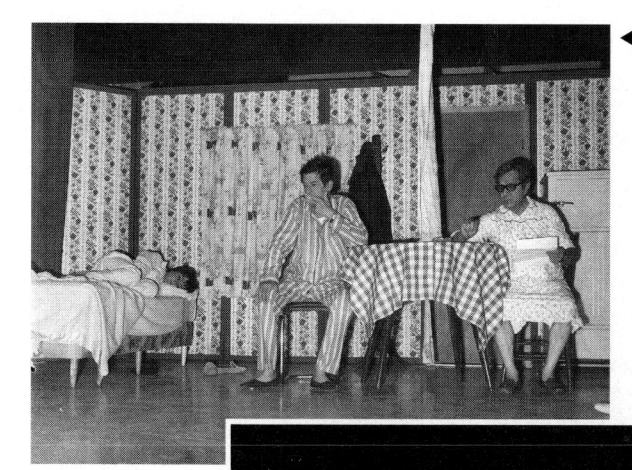

◀ Avec Yolande Circe, Denis Drouin et Olivier Guimond dans *Le Lit de grand-mère,* la première pièce que j'ai écrite.

Avec Diane ▶ Miljours et Jean-Louis Millette, dans *En veux-tu des problèmes?*

◀ Entre Roger Picard et Paul Desmarteaux.

◀ Avec Michel Legault, le gérant du Théâtre des Variétés.

Au volant de la «Zamboni», dans *Le Fantôme du Forum,* série qui fut tournée pour souligner la fermeture du Forum de Montréal.
▼

▲
Une partie de la toute première équipe de *Symphorien:* Georges Carrère, Janine Sutto, Suzanne Lévesque, Marc Favreau, Janine Mignolet et Juliette Huot.

Avec mon collègue et ▶
ami Fernand Gignac.

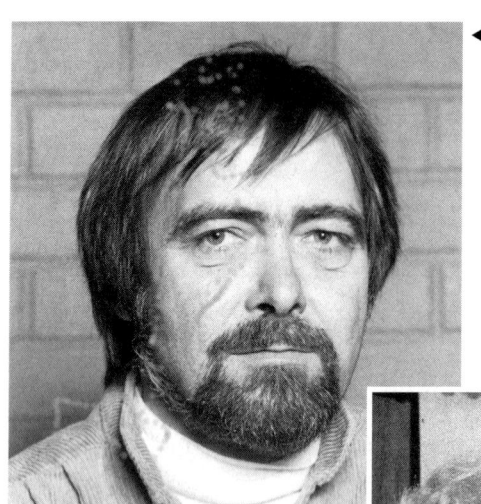

◀ Gilles Richer, auteur de *Poivre et Sel*.

Avec Janine Sutto dans ▶ *Poivre et Sel*.

◀ Avec Robert Rivard, Denise Proulx et Janine Sutto, dans *Poivre et Sel*.

Jean Grimaldi

Enfin, «mener le bateau», c'est une façon de parler. Je n'étais pas assez bête, justement, pour croire que j'arriverais à mener quoi que ce soit tout seul.

De tous ceux qui faisaient partie de la vieille école du burlesque, Jean Grimaldi était l'un des rares que je connaissais déjà personnellement. En fait, il y avait Olivier Guimond, Jean Grimaldi... et c'est à peu près tout. Quand même, j'avais beau le connaître un peu, ça me faisait tout drôle d'avoir à lui demander de travailler pour moi. D'ordinaire, c'est plutôt lui, «le papa des artistes», qui offrait du travail aux autres! D'ailleurs en juin 1967, il était prévu que je parte en tournée avec M. Grimaldi. J'en ai donc profité pour lui parler de ce théâtre que je venais d'acheter; je lui ai dit que j'aimerais pouvoir compter sur lui pour monter les grandes comédies et pour agir comme maître de cérémonie. En vérité, je n'ai pas eu besoin d'en dire beaucoup plus car il a tout de suite accepté de venir me prêter main-forte.

À tout seigneur tout honneur, Jean Grimaldi fut donc le premier arrivé, le premier à mettre les pieds au Théâtre des Variétés. Que serait-il arrivé s'il n'avait pas été là, dès le départ, pour me seconder? Fort probablement que ça aurait fini par marcher... mais après combien de temps, combien de mois, combien d'années? Si j'avais à nommer tous les artistes qui avaient déjà travaillé pour lui à un point ou l'autre de leur carrière, de la Bolduc jusqu'aux Jérolas en passant par Alys Robi, Paolo Noël, Claude Blanchard, Fernand Gignac, Muriel Millard, etc., etc., etc., je crois bien que j'en aurais jusqu'à demain matin. Ils étaient des centaines, littéralement. Tous les artistes de music-hall, tous les vieux *burleskers* le connaissaient; et quand ils arrivaient au Théâtre des Variétés, grâce à sa présence, ils avaient un peu l'impression de rentrer au bercail. Ils se sentaient comme chez eux. Pour eux comme pour moi, Jean Grimaldi était un gage de continuité: c'était le lien entre le passé, le présent et l'avenir.

J'en parle comme si c'était un patriarche ou un être abstrait, mais Jean Grimaldi était encore pétant de santé quand il s'est amené au Théâtre des Variétés. Quand on jouait une comédie dans laquelle son personnage était le père du mien, par exemple, ou simplement quelqu'un de plus âgé, il sentait le besoin de se maquiller... Il se mettait du blanc dans les cheveux, il se dessinait des rides pour faire plus vieux. Je lui disais:

— Jean, câline! Vous avez quarante ans de plus que moi!

— Peut-être, mais j'en ai pas l'air! Oublie pas que je suis censé être ton père dans cette pièce-là, il faut que ce soit crédible...

Il avait près de soixante-dix ans mais lui, dans son esprit, il avait encore vingt ans!

Toujours est-il qu'il m'a beaucoup aidé. Parce que le burlesque, dans le fond, je n'y connaissais à peu près rien. C'était un monde que j'avais toujours observé avec fascination mais de l'extérieur, en amateur, en spectateur. Tandis que Jean Grimaldi, La Poune, Paul Desmarteaux, Paul Thériault, Olivier Guimond, Manda, tous ceux qui allaient travailler pour moi avaient fait ça toute leur vie. Ils avaient grandi ensemble, pour ainsi dire. Alors quand ils se retrouvaient au Théâtre des Variétés et qu'ils se mettaient à parler du bon vieux temps, c'était comme une réunion de famille à laquelle j'aurais été invité.

Sur les fameuses tournées Grimaldi, entre autres, tout le monde avait sa petite histoire à raconter. Il faut dire que Jean Grimaldi — et j'en savais moi-même quelque chose, pour le peu que j'avais voyagé avec lui — était le pire conducteur au monde! C'est pas compliqué, il avait pris je ne sais où ni comment la mauvaise habitude de rouler sur la voie de gauche... donc en plein sur les voitures qui venaient en sens inverse. Nous autres, passagers, on s'épuisait à lui dire de se tasser, de rouler à droite, mais en vain; et les autres conducteurs, paniqués, devaient faire des prodiges pour arriver à l'éviter. C'était insensé!

Manda m'a raconté qu'un jour, en tournée, ils avaient mis quatre ou cinq heures pour faire le trajet entre deux villages situés à moins de cinquante kilomètres l'un de l'autre. Une des voitures était tombée en panne et ils avaient dû avoir au moins huit crevaisons en cours de route! Un vrai chemin de croix... Et à la fin de la journée, pour finir en beauté, ils descendaient une côte assez longue quand tout à coup une roulotte les a dépassés. Rien que la roulotte... C'était celle de M. Grimaldi, qu'il avait mal fixée à l'arrière de la voiture, qui s'était détachée et qui venait de les doubler!

Pour comprendre ces gens-là, pour avoir ne serait-ce qu'une petite idée de leur amour du métier, il faut se rendre compte de toutes les difficultés qu'ils devaient surmonter pour avoir la chance de le pratiquer. En comparaison de ce qui se fait aujourd'hui, des conditions dans lesquelles les artistes voyagent, travaillent, sont logés, etc., c'étaient vraiment des voyages de misère. Et pourtant, à les entendre, c'étaient des parties de plaisir! Ils ne se plaignaient jamais, au contraire, ils riaient tout le temps, et ils en parlaient encore comme des plus belles années de leur vie.

Une autre histoire de tournée me fut racontée par Olivier Guimond. Tout le monde sait qu'Olivier, dans son jeune temps, avait l'habitude de lever le coude. Or M. Grimaldi aussi le savait, et il n'aimait pas ça. Chaque jour, en tournée, il fouillait dans les affaires d'Olivier et quand il trouvait un dix onces, hop, il le confisquait et le jetait aux poubelles.

C'est ainsi que pendant un certain temps, Olivier et lui ont joué à cache-cache par bouteille interposée. Pour Olivier, il s'agissait toujours de trouver une nouvelle cachette; pour M. Grimaldi, de la découvrir avant qu'Olivier n'ait eu le temps de se paqueter. Cela a duré jusqu'au jour où Olivier, qui était tout sauf niaiseux, a eu l'idée de cacher sa bouteille dans la propre valise de Jean Grimaldi. Celui-ci a eu beau fouiller, fouiller, fouiller, il n'a plus jamais rien trouvé. Il aurait pu croire qu'il avait gagné la guerre si chaque soir, quand le spectacle commençait, il n'avait réalisé qu'Olivier était un peu paqueté...

Naturellement, dès le lendemain matin, il se remettait en quête du fameux dix onces, mais en vain. Le bonhomme n'y comprenait plus rien.

— Pourtant, cacarisse, pourtant...

Et le manège a continué pendant quelques semaines ou quelques mois. En fait, ç'a duré jusqu'à ce qu'Olivier lui-même décide de tout expliquer au père Grimaldi.

— Ah! cacarisse de cacarisse! Je le savais...

Pour un joueur de tours, et Dieu sait qu'il y en a plusieurs dans ce métier, M. Grimaldi était la victime toute désignée. Je me souviens d'une pièce au Théâtre des Variétés dans laquelle il jouait un simple soldat dont le colonel était joué par Paul Desmarteaux.

Avant d'entrer en scène, il prit Desmarteaux à l'écart et lui dit:

— Quoi que tu fasses, fais-moi pas ôter ma casquette ce soir...

— Pourquoi? demanda Paul.

— Je n'ai pas mis ma perruque.

La suite, vous l'avez déjà devinée. Dès que les soldats furent alignés sur scène, le colonel Desmarteaux commença son inspection réglementaire... et dès qu'il fut rendu à la hauteur du soldat Grimaldi, il lui ordonna bien fort d'ôter sa casquette!

Tout bas, entre les lèvres, Jean l'implora:

— Fais pas ça, cacarisse!

Je ne sais pas pour quelle raison M. Grimaldi n'avait pas mis sa perruque ce soir-là. C'était peut-être un oubli. Mais pourquoi en a-t-il parlé à Desmarteaux, qui était le pire des joueurs de tours? Quoi qu'il en soit, il n'a pas pu cacher sa calvitie très longtemps. Le colonel a insisté pour qu'il enlève sa casquette, M. Grimaldi, à contrecœur, a dû s'exécuter, et tout le monde a bien ri.

Quand je vous disais que Jean Grimaldi était une victime en or pour un joueur de tours! D'ailleurs combien de fois s'est-il fait prendre les culottes à terre, littéralement, pendant qu'il se maquillait derrière le rideau avant un spectale? À en croire tous ceux qui l'avaient vu et tous ceux qui lui avaient fait le coup, il avait dû se faire prendre un millier de fois!

Pour les gens qui ne connaissent pas l'histoire, disons d'abord qu'il arrivait très souvent, en tournée, que la troupe se produise dans des endroits où il n'y avait pas de loges. La seule place pour se changer et se maquiller, c'était sur scène, le rideau fermé. Or Jean Grimaldi, en bon producteur qu'il était, avait toujours un tas de choses à faire avant chaque spectacle. Il fallait voir à la vente des billets et des programmes souvenirs, voir si la salle était bien remplie et si les artistes étaient tous là, etc.

En conséquence, il était souvent le dernier à venir s'habiller avant que le spectacle commence, car lui aussi en faisait partie. Il était maître de cérémonie et il jouait toujours dans les grandes comédies. Alors, à la hâte, au dernier moment, il s'amenait vite sur scène, enlevait ses culottes pour se changer et alors, juste au moment où il était le plus vulnérable, les culottes à terre, en combinaison, quelqu'un ouvrait le rideau! C'était immanquable: il y avait un immense éclat de rire aussi bien en coulisses que dans la salle. C'était le délire!

C'est une belle histoire, une très belle histoire même, mais voilà qu'après tant d'années, quand j'y repense, je me mets à douter... Je me demande si, dans le fond, en vieux renard qu'il était, le père Grimaldi, surpris les culottes à terre et piquant une sainte colère agrémentée de nombreux «cacarisse de cacarisse», je me demande s'il ne jouait pas tout simplement la comédie!

Pourquoi pas, après tout? Comment un homme doté d'une mémoire aussi prodigieuse — un homme qui pouvait se souvenir de tous les détails d'une pièce jouée pour la dernière fois vingt ou trente ans auparavant — aurait-il oublié à quel danger il s'exposait en se changeant ainsi derrière le rideau? Il était loin d'être fou, le bonhomme! Il devait savoir qu'en plus de nous procurer la satisfaction de lui jouer un tour, il ferait rire la salle!

Mais c'est aussi pour ça, dans le fond, que j'avais tant besoin de lui au Théâtre des Variétés. En plus d'être encore et toujours «le papa des artistes», il connaissait si bien son métier qu'il savait exactement comment la foule réagirait à telle ou telle scène, jouée de telle ou telle façon. Les temps avaient changé depuis les belles années des tournées Grimaldi mais le public riait toujours aux mêmes endroits. Le rire, lui, n'avait pas changé.

Un porte-bonheur en Rose

À l'automne de 1994, quand j'ai décidé de fonder une petite entreprise de productions télévisuelles, j'ai voulu commencer avec un projet qui me tenait vraiment à cœur: *Le siècle de La Poune,* un documentaire portant sur l'extraordinaire carrière de Mme Rose Ouellette.

En élaborant le scénario, mes collaborateurs et moi avons dressé la liste de tous les endroits où elle avait tenu l'affiche et c'est ainsi que nous avons décidé de nous rendre à Québec où nous avons tourné quelques séquences en extérieur: des entrevues avec Mme Ouellette dans la rue, devant la porte Saint-Jean, sur les plaines d'Abraham. Enfin nous sommes retournés au théâtre Impérial où sa carrière avait commencé avec le père d'Olivier Guimond, Ti-Zoune premier. C'est d'ailleurs là que pour la première fois sur une marquise de théâtre était apparu le nom de La Poune, qui rimait mieux avec Ti-Zoune que Rose Ouellette ou Casserole, nom de scène qu'elle avait porté jusque-là.

Arrivés devant le théâtre au début de l'après-midi, nous avons commencé par filmer en extérieur, nous avons pris quelques photos et je me suis dit que c'était bien dommage qu'on n'ait pas prévu d'aller tourner à l'intérieur. Puisque c'était un théâtre, il devait y avoir des loges, des coulisses; pour Mme Ouellette, ce serait rempli de souvenirs...

Je suis allé voir le gérant à qui j'ai expliqué ce que nous faisions là. Je lui ai dit que La Poune aurait bien aimé revoir le théâtre où elle avait débuté.

— C'est pas possible, me dit-il. Tu comprends, le film marche.

— D'un autre côté, insistai-je, à l'âge de Mme Ouellette, vous la privez d'un bon moment...

— Bon ben que le diable emporte le film! dit-il. Bouge pas de là.

Sans avertissement, il stoppa la projection et alluma toutes les lumières. Il faut que vous sachiez que ce théâtre était devenu un cinéma porno. Dans la salle, quelques petits vieux se sont levés en maugréant, d'autres se sont reboutonnés rapidement en se dirigeant vers les toilettes.

Alors La Poune et moi, bras dessus bras dessous, avons descendu la grande allée de ce qui avait été un grand théâtre puis nous sommes allés derrière, dans les coulisses. Étonnamment, rien n'avait changé: les murs, les loges, les escaliers, tout était parfaitement conforme au souvenir que Rose avait gardé. Ensuite nous sommes montés ensemble sur la scène, derrière l'écran, où nous avons pris encore beaucoup de photos. Quand nous avons remonté l'allée pour sortir, les petits vieux se tenaient cachés pour nous voir passer... pour voir passer Rose.

À peine avait-on remis les pieds dans le hall qu'ils avaient repris leur place. Encore quelques secondes et les lumières s'éteignaient, le film recommençait...

Soixante-quinze ans de carrière! Dans un monde comme le nôtre, qui va de plus en plus vite, qui incline de plus en plus vers un art et une culture du «jetable», j'ai bien peur qu'on ne reverra pas de sitôt un phénomène comme Rose Ouellette. En voyez-vous d'autres, vous, des femmes dont la carrière se compare à la sienne? Moi pas...

Pour comprendre vraiment à quel point cette carrière a été phénoménale, il faut se reporter au moment où elle a débuté, à une époque où les femmes n'avaient pas beaucoup de droits ni de libertés. Quand elles n'avaient plus l'âge d'aller à l'école, les filles devaient se marier ou devenir religieuses et rares étaient celles qui osaient tenter de faire carrière dans quelque profession que ce soit. Pourtant cette petite fille-là, issue d'une famille nombreuse habitant l'un des quartiers les plus pauvres de l'est de Montréal, a réussi dans un domaine où aucune femme avant elle ne s'était aventurée. Tant en Europe qu'en Amérique, des femmes comiques, il n'y en avait pas. Tout simplement parce que c'est une spécialité tellement dure, tellement difficile. Pour qu'une femme, dans ce climat peu propice, trouve la force de persévérer malgré toutes les embûches, il fallait vraiment qu'elle soit une force de la nature. Il fallait vraiment que chez elle ce goût de faire rire — ou était-ce un besoin? — soit plus fort que tout.

Quand je revois maintenant ce documentaire, c'est encore ce qui me frappe le plus: cette force de caractère, cette extraordinaire détermination. Il ne faut pas oublier que La Poune fut la première femme à diriger un théâtre non seulement au Québec mais dans toute l'Amérique du Nord. De 1936 jusqu'en 1953, contre vents et marées, c'est elle qui avait dirigé les destinées du Théâtre National. Et pourtant, malgré toutes ses réalisations, La Poune ne s'était jamais départie de sa modestie, de son humilité, et c'était peut-être ce qui faisait son charme. D'une part il y avait la fonceuse, la femme forte, l'obstinée, la têtue; d'autre part il y avait l'artiste, qui était aussi fragile, aussi inquiète que nous le sommes tous dans ce métier.

Je me souviens du jour où j'ai rencontré La Poune pour la toute première fois. C'était un lundi, quelque temps après l'ouverture officielle du théâtre. La première semaine, il y avait eu trois galas d'affilée, les vendredi, samedi et dimanche, galas dont Olivier Guimond était la grande vedette. Lors du premier gala, Juliette Béliveau avait consacré le théâtre en frappant les trois coups traditionnels et plusieurs artistes s'étaient succédé sur scène durant ces trois longues soirées. Mais La Poune ne devait faire sa rentrée qu'un peu plus tard.

Il s'agissait pour elle d'un retour après de longues années d'absence. Elle travaillait davantage en tournée, en province. À Montréal, on ne l'avait pas vue depuis près de quinze ans — depuis, en fait, qu'elle avait quitté le National. Donc ce lundi, pour la première fois, La Poune prenait l'affiche au Théâtre des Variétés. Dans le courant de l'après-midi, elle était assise dans la salle, au pied de la scène, pendant que Simone Mercier, qui à l'époque était sa *straight woman*, répétait avec l'orchestre. À un moment donné, Simone s'est adressée au chef d'orchestre:

— Donc je fais ma première chanson, dit-elle, ensuite La Poune arrive, les gens applaudissent et on enchaîne avec...

Sur ce La Poune s'est levée:

— Une minute, toi là. «Les gens applaudissent, les gens applaudissent», qu'est-ce que t'en sais? Ils se rappellent peut-être pas de moi, les gens. Fait qu'énerve-toi pas trop, toi là.

Comme si les gens avaient pu l'oublier, même après tant d'années! Mais elle avait cette crainte, cette idée derrière la tête. Elle s'inquiétait de la façon dont les spectateurs l'accueilleraient...

Après la répétition, quand est venu le temps de distribuer les loges, je l'ai invitée à me suivre au sous-sol. Il faut dire que, contrairement à l'Impérial, le vieux Théâtre Dominion avait subi plusieurs métamorphoses au cours des ans. D'abord théâtre, puis cinéma, c'était devenu enfin une maison de culte pour les témoins de Jéhovah. Depuis que j'avais racheté la bâtisse, quelques mois auparavant, il avait donc fallu faire de nombreuses rénovations. La scène elle-même avait dû être complètement refaite puisqu'il y avait en plein milieu une sorte de piscine qui devait servir au baptême des nouveaux adeptes. Heureusement, j'avais engagé des gens comme Désiré Desmarteaux, le frère de Paul, un vieux machiniste pour qui le théâtre n'avait plus de secret et qui savait parfaitement comment aménager l'arrière-scène, les porteuses et les rideaux.

Malheureusement, tous les travaux n'étaient pas encore terminés. Au sous-sol, dans ce qui était devenu une pièce immense et nue, sans aucune division, on avait érigé des murs pour faire des loges, une salle de répétition, etc. Mais mon bureau, par exemple, qui serait aussi ma loge, n'avait pas encore de porte. Alors on a tiré un drap devant l'ouverture et c'est là que Mme Ouellette s'est installée pour sa première semaine au Théâtre des Variétés.

D'une certaine manière, comme je n'étais pas encore familier avec elle, j'étais un peu gêné de ne pas pouvoir lui offrir mieux. Naturellement, La Poune elle-même n'y voyait pas d'objections.

— Voyons donc! dit-elle. Mettez-moi n'importe où, moi, ça me dérange pas...

D'un autre côté, quand je lui fis remarquer qu'elle serait la première à occuper ma loge, qu'elle l'occuperait même avant moi, et que c'était pour moi un grand honneur, elle me dit ceci que je n'ai jamais, jamais oublié:

— Tu vas voir, dit-elle, ça va te porter bonheur, ça...

Ce gala-là...

Aux premiers temps du Théâtre des Variétés, la soirée commençait par la projection de deux films français, de cinq heures à huit heures; ensuite venaient les variétés avec leurs chanteurs, jongleurs, magiciens, etc.; et la grande comédie était présentée à la toute fin, dans ce qu'on appelait le deuxième acte. C'était une façon de rendre hommage à la tradition du burlesque puisque les spectacles des années trente et quarante suivaient exactement le même déroulement: films, variétés, grande comédie.

Chaque spectacle prenait l'affiche pour une semaine, sept soirs d'affilée, avec deux représentations le dimanche; et on changeait de programme tous les lundis. C'était donc beaucoup de travail mais, comme si ça ne suffisait pas, il nous arrivait aussi de présenter des galas le samedi soir après le spectacle régulier. Puisque ces galas commençaient à minuit et se terminaient rarement avant six ou sept heures du matin, c'est dire qu'en un peu plus de vingt-quatre heures, du samedi au dimanche, il fallait se taper toujours avec la même ardeur quatre longs spectacles qui duraient au total près de quinze heures!

De ces fameux galas, avec Huguette Saint-Louis comme chef d'orchestre et Pierre Leroux comme maître de cérémonie, il y en eut plusieurs au Théâtre des Variétés durant les premières années. Il y avait le gala d'ouverture, le gala de fermeture et le gala du jour de l'An durant lequel, suivant la tradition, l'année qui finissait était représentée par un vieillard qu'on voyait disparaître, quittant lentement la scène pour être aussitôt remplacé par un bébé qui représentait l'année nouvelle. Je me souviens que la toute première année, le bébé était joué par Juliette Béliveau. Elle était déguisée en poupon et était calée dans un carrosse que je poussais allègrement sur scène pendant que la salle se tordait de rire.

Lors d'un gala d'une aussi longue durée, les gens s'attendaient évidemment à voir plusieurs vedettes. Le problème, pour nous, c'est que toutes les vedettes voulaient passer en premier et qu'aucune, en tout cas, n'était intéressée à attendre jusqu'à six heures du matin. Alors j'avais trouvé un truc, une stratégie: dès le début, j'activais la salle de cartes et tous ceux qui avaient le moindre penchant pour le jeu s'y retrouvaient en bonne compagnie pendant que les autres, les plus pressés ou les moins joueurs, prenaient leur tour sur scène.

C'était un bon truc mais il y avait souvent tellement de monde qu'il fallait faire attention de ne pas se retrouver à la fin avec plus d'artistes que nécessaire. Parce qu'il n'y a rien de plus difficile que de renvoyer quelqu'un chez lui après qu'il a passé toute la nuit à attendre. Ainsi il m'est arrivé, une nuit de gala, d'avoir tellement d'artistes que j'ai dû donner congé à un magicien à six heures du matin. Je suis allé le trouver dans sa loge et je lui ai dit:

— Écoute, oublie ça, va-t'en chez vous... Tu sais, je vais te payer pareil.

Je revois encore ce pauvre magicien, tout seul dans sa loge, face au mur, sortir les colombes de ses poches, de ses manches, de son chapeau, pour les remettre une à une dans leur cage. Afin qu'elles ne soient pas désorientées, il a fait son numéro en entier, devant moi...

Ces fameux galas nous ont aussi causé de jolis maux de tête aux guichets. Parce qu'au tout début du Théâtre des Variétés, il n'y avait pas de places réservées et tous les billets coûtaient le même prix: 1,50 $. C'était premier arrivé premier servi, comme au cinéma. Mais au bout d'un certain temps, pour répondre à la demande, nous avons commencé à imprimer des billets réguliers et, presque aussitôt après, à vendre des billets de saison. Parmi le public, il y avait donc des habitués qui revenaient chaque semaine, le même jour, et qui avaient toujours le même siège. Mme Thibodeau, par exemple, assistait à tous les spectacles du lundi et elle avait sa place réservée dans la rangée F, siège numéro 1.

Je ne sais pas si vous me voyez venir... Lorsqu'on mettait les billets en vente pour un gala ou tel autre événement spécial, Mme Thibodeau s'atendait à ce qu'on lui réserve son siège en F 1... Après tout, c'était sa place! Le problème, c'est que Mme Tremblay, le mardi, s'assoyait aussi en F 1, et le mercredi c'était M. Laframboise, etc. Naturellement, le même siège était vendu sept fois, et même huit fois en comptant la matinée du dimanche. Mais essayez donc d'expliquer ça à Mme Thibodeau!

— Comment ça, huit fois? C'est un racket!

Bien sûr, les gens n'étaient pas bêtes, et on s'arrangeait pour les accommoder. À chaque gala, on les rencontrait séparément et on leur proposait des billets tout près de leurs sièges habituels. N'empêche que c'est une chose à laquelle on n'avait pas du tout pensé!

Aux galas d'ouverture, galas de minuit, galas de clôture, galas du jour de l'An, il faut ajouter tous les galas offerts en l'honneur d'un artiste, pour le fêter et lui rendre hommage. C'est ainsi, par exemple, qu'on a fêté Fernand Gignac et Manda Parent, pour ne nommer que ces deux-là.

Quand on a ouvert le Théâtre des Variétés, Manda était malade, beaucoup trop malade pour travailler, et je n'avais pas encore eu la chance de faire sa connaissance quand on a décidé de lui faire cette fête. Mais je l'avais déjà vue sur scène, je savais très bien que c'était l'une de nos plus grandes comiques, et il me semblait que s'il existait quelqu'un qui méritait un tel honneur, pour qui ce serait une source de fierté et de motivation, c'était bien elle.

Je me souviens qu'à l'époque, comme le public n'avait pas vu Manda depuis de longues années, Radio-Canada avait eu l'idée de faire un reportage sur elle et sur cette fête qu'on lui préparait. On m'avait donc demandé de l'interviewer et c'est à cette occasion que j'ai rencontré Manda pour la toute première fois. Je me souviens qu'elle avait les pieds affreusement recroquevillés; elle était incapable de marcher et il fallut que les médecins lui insèrent des tiges de fer dans chaque orteil pour corriger cette déformation.

Toujours est-il qu'à la veille du gala, elle avait encore quelques réticences. Comme elle avait encore beaucoup de difficulté à marcher, elle n'était pas sûre de pouvoir monter sur scène pour saluer les gens et les artistes présents, mais je l'ai rassurée en lui promettant qu'elle n'aurait pas à marcher.

— Pas de problème, Manda. Au lever du rideau, vous serez déjà sur scène. On va vous donner un siège et vous pourrez rester assise tout au long du spectacle. Et quand le rideau va tomber, vous serez encore sur scène, vous n'aurez pas eu à bouger.

Dans ces conditions, elle accepta et la fête eut lieu comme prévu en novembre 1968. Née Aurore Marie-Jeanne Parent le 4 juillet 1907, Manda avait donc soixante et un ans. Et comme sa carrière avait commencé à l'âge de quatorze ans[1], c'est près de cinquante ans de vie artistique que l'on fêta ce soir-là.

---

1. D'après ce que m'ont appris ses filles Lucille et Denise, Manda a débuté lors d'une tournée de la pièce *Aurore l'enfant martyre* en Nouvelle-Anglerre. À l'époque, puisque la véritable affaire d'Aurore faisait l'objet d'un procès, on n'avait pas le droit de jouer cette pièce... à moins de s'appeler Aurore, auquel cas on pouvait toujours prétendre qu'on jouait son propre rôle.

Ce gala fut sans doute l'un des plus beaux qu'on ait jamais présentés au Théâtre des Variétés. Je veux dire l'un des plus émouvants. Sur scène ont défilé l'un après l'autre tous les artistes qui avaient déjà joué avec Manda: Joseph Martel, qui fut son partenaire des débuts, du temps où elle était si mince qu'on l'appelait «Épinglette»; Wildor, Charlie Beauchamp, Alys Robi, La Poune, Florida Roy, Teddy Burns-Goulet, Ti-Gus et Ti-Mousse.

Autant, au lever du rideau, Manda était craintive, autant elle rayonnait à la fin du gala. J'étais assis à côté d'elle et je la tenais par la main pendant que les artistes et le public l'applaudissaient. Manda souriait, visiblement émue. Je lui ai glissé à l'oreille: *Dites-leur donc que vous allez revenir bientôt...* Je savais bien qu'elle-même n'y croyait pas mais au bout d'un long moment elle a levé les bras pour faire taire les applaudissements et elle s'est adressée au public:

— Ce sera pas long, dit-elle, je vais revenir jouer.

Aussi incroyable que cela puisse paraître, elle est revenue au plus tard trois ou quatre semaines après! Je ne sais pas si c'est parce qu'elle avait remis les pieds sur scène ou si c'est parce qu'elle l'avait promis mais elle est revenue et cette fois c'était pour jouer. Elle pouvait marcher presque normalement et sa carrière, que la maladie avait interrompue pendant toutes ces années, a repris de plus belle.

Je sais que cette histoire a l'air d'être arrangée avec le gars des vues, pourtant c'est tout ce qu'il y a de plus vrai.

Teddy Burns

À la belle époque du burlesque, tous les comiques portaient un *misfit,* c'est-à-dire un habit beaucoup trop grand. Comme il y avait beaucoup de compétition entre les comiques, l'idée était d'entrer sur scène en attirant immédiatement l'attention du spectateur. Si, en plus, l'habit faisait rire, c'était parfait: on faisait d'une pierre deux coups. Au tout début de sa carrière, le père d'Olivier Guimond portait un *misfit* comme tous les autres comiques mais pour être sûr de se distinguer, pour être sûr d'attirer tous les regards sur lui dès l'instant où il mettrait les pieds sur scène, il portait aussi un diamant qu'il se collait sur le bout du nez avec de la plasticine. L'effet était tellement réussi, avec ce diamant qui étincelait sous la lumière des spots, qu'il a fallu à un moment donné qu'il se résigne à l'enlever: les gens passaient leur temps à regarder le diamant... C'était devenu une distraction.

Au lieu de porter un *misfit,* Teddy Burns arrivait sur scène habillé comme une carte de mode. Pour l'époque c'était risqué mais Teddy Burns était un original et ce look lui allait bien. Enfin, «original»... Disons qu'il était un peu vantard. Il se vantait, par exemple, de parler couramment le chinois. Alors quand on allait manger avec lui dans le quartier chinois, il insistait toujours pour commander dans la langue de Mao.

— Vous allez voir, disait-il, on va être bien servis.

— Oui mais il y a des centaines de dialectes en Chine, lui faisait-on remarquer. C'est pas sûr que vous tombiez sur le bon...

— Les dialectes? répondait-il. Je les connais, les dialectes. C'est pas un problème...

Bien sûr, on finissait toujours par manger, et c'était toujours excellent... mais ce n'était jamais ce qu'on avait commandé!

Quoi qu'il en soit, Teddy Burns était un très bon comique; c'était sans doute le plus sérieux rival du père Guimond, sauf qu'avec le temps il est devenu aigri à tel point que plus personne ne l'engageait. Moi-même, je ne l'ai connu qu'à la fin de sa vie mais j'aurais pu le rencontrer bien avant si j'avais voulu. Quand il a eu vent que j'allais ouvrir le Théâtre des Variétés, il a commencé à téléphoner chez moi et à harceler ma mère: «Il est jeune, votre gars, disait-il. Il connaît pas ça, il va se faire rouler... Il a besoin d'un gars comme moi. Je suis le seul capable de diriger un théâtre comme ça...» Et ça n'arrêtait pas. Ma mère disait: «Je vais faire le message», et elle le faisait tout le temps mais moi, connaissant son mauvais caractère, j'ai préféré l'ignorer. C'était connu: il réussissait à se mettre tout le monde à dos.

Finalement, je l'ai rencontré pour la première fois à l'occasion de ce gala donné en l'honneur de Manda.

Par la suite, il est venu faire son numéro au Théâtre des Variétés à quelques reprises. Il est mort, je crois, au début des années soixante-dix.

Malgré son mauvais caractère, Teddy Burns aura été l'une des plus grandes vedettes du burlesque québécois. D'ailleurs je ne suis pas le seul à le penser: lui-même était le premier à le dire. La légende veut qu'un jour, appelé à témoigner à la cour, il se présenta devant le juge qui lui demanda de décliner son nom et sa profession.

— Monsieur le juge, répondit Burns, je m'appelle Teddy Burns-Goulet et je suis le plus grand comique au Québec.

— C'est pas un peu prétentieux ce que vous dites là? fit remarquer le juge.

Et Burns de rétorquer:

— Votre Seigneurie, oubliez-vous que je suis sous serment?

La répétition

Récemment, le directeur d'un centre récréatif de la métropole m'écrivit une lettre, dont je ne vous livre ici qu'un court extrait:

Nous avons un groupe de jeunes de six à seize ans et nous aimerions leur faire faire du burlesque. Donc nous vous demandons de nous faire parvenir des textes que nous pourrions leur faire apprendre...

Bien que j'aie été très sensible à l'intérêt que cet homme manifestait pour mon travail, j'ai été bien obligé de le décevoir. C'est malheureux mais le burlesque ne s'enseigne pas de cette façon.

C'est malheureux parce qu'en cette fin de siècle, ailleurs comme ici, force est de constater que le burlesque agonise s'il n'est pas tout à fait mort. Faut-il rappeler qu'au Québec, en l'espace d'à peine vingt-cinq ans, nous avons perdu à peu près tous ses plus illustres serviteurs? En Angleterre, où cette forme de spectacle est née au début du siècle, où le grand Chaplin lui-même fit ses classes à cette dure école, il y a longtemps qu'on n'en voit plus. Même les Américains n'en font guère plus, eux qui pourtant étaient passés maîtres en la matière. Aux États-Unis, aujourd'hui, il ne reste plus que Mickey Rooney pour porter le flambeau. Depuis quelques années déjà, il fait la tournée des grandes villes nord-américaines avec une pièce carrément burlesque intitulée *Sugar Babies*. Fidèles à la tradition, Rooney et sa partenaire Ann Miller, entourés de tous les vieux comiques encore vivants, tous ceux qui faisaient du burlesque à l'époque où Rooney a débuté, présentent leurs numéros sans décors véritables, souvent seuls devant le rideau de scène ou devant une toile sur laquelle sont peints des éléments de décor ou de paysage.

J'ai eu l'occasion d'assister à ce spectacle une première fois alors qu'il était présenté sur Broadway et j'y suis retourné quelques années plus tard quand la troupe fit escale à Vancouver. Voir tous ces comiques monter sur scène un après l'autre pour faire des routines qu'ils avaient mis toute une vie à perfectionner, c'était formidable. D'un autre côté, quand j'ai assisté au spectacle de Vancouver, j'ai été frappé de constater que la troupe avait été décimée. Plusieurs des vieux comiques que j'avais vus à Broadway quelques années plus tôt n'étaient plus là. Ils étaient morts en cours de route... C'étaient des gars peu connus dont le décès n'a pas fait les manchettes, pourtant ils étaient très drôles et ils étaient, surtout, absolument irremplaçables.

Je me souviens que dans les années soixante et soixante-dix, il y avait encore une sorte de circuit, entre New York, Las Vegas et Baltimore, sur lequel ces artistes de burlesque pouvaient se produire. Je visitais souvent ces trois villes et il arrivait parfois que j'y revoie certains numéros qu'Olivier Guimond présentait à Montréal depuis des années, dans les cabarets et sur la scène du Théâtre des Variétés. Cela n'est pas étonnant quand on sait qu'à ses débuts le père d'Olivier Guimond faisait partie de ce même circuit américain. Le père allait chercher les routines, les adaptait pour le Québec, et le fils les reprenait encore un demi-siècle plus tard.

Tout ça pour dire que le burlesque d'ici est né du burlesque américain, qui lui-même a été importé d'Angleterre. Mais dans les trois pays, on en vient à la même conclusion: à mesure que disparaissent ceux qui le pratiquent, le burlesque disparaît aussi petit à petit.

C'est malheureux mais, d'une certaine manière, c'était inévitable. Le burlesque est un art qui s'enseigne à l'ancienne, c'est-à-dire «sur le tas», sur scène et devant un public. Quand j'ai fondé le Théâtre des Variétés, j'étais le seul à ne pas connaître le répertoire mais j'étais entouré de gens beaucoup plus âgés que moi qui m'ont enseigné, encadré, initié, comme des maîtres enseignent à un élève. Et c'est vraiment la seule façon d'apprendre. Il faut se joindre à une troupe au sein de laquelle, en observant les plus vieux, en s'adaptant à leur jeu, on peut parvenir à maîtriser cette façon bien particulière d'improviser.

Alors maintenant qu'il n'existe plus de troupes, que les Guimond, Desmarteaux, Manda, La Poune sont disparus, comment pourrait-on apprendre ou enseigner le burlesque? Les comiques d'aujourd'hui, ceux qui auraient pu former la relève, ont appris à une autre école. Ils travaillent seuls le plus souvent, ils font du *stand up* et rares sont ceux qui jouent *ad lib*. C'est un comique qui n'est ni meilleur ni pire que l'ancien; ce n'est plus la même chose, voilà tout.

C'est pourquoi je dis souvent que si on essayait maintenant de faire revivre le burlesque, soit en l'enseignant dans les écoles ou en tentant je ne sais comment de le moderniser, on ne pourrait pas faire autrement que le dénaturer. Quant à enseigner telles quelles les pièces du répertoire, je ne sais pas si cela serait d'un grand intérêt... Une pièce de théâtre ordinaire, une fois qu'elle est écrite, qu'elle a été rodée, on n'y touche plus. Au burlesque, puisque jamais rien n'était écrit, rien n'était figé. La pièce changeait à chaque représentation.

Mais je m'explique mal. Le mieux serait peut-être de vous montrer comment, moi, j'ai appris ces pièces. En tout cas, vous allez voir qu'on était loin des bancs d'école!

Comme je l'ai dit plus tôt, ma situation au Théâtre des Variétés avait ceci de particulier que, tout en étant le directeur, le propriétaire, j'étais aussi le plus jeune, le nouveau, celui qui a tout à apprendre. Entre autres bizarreries, puisqu'on travaillait sept jours par semaine et qu'on changeait de spectacle tous les lundis, je devais être le seul directeur de théâtre au monde à annoncer et à vendre des billets pour des pièces dont lui-même, à quelques jours de la première, ne connaissait pas le moindre mot!

C'était bizarre mais on n'avait pas vraiment le choix. Puisqu'on n'avait pas le temps de répéter, de faire le point ou de préparer les nouvelles pièces, il fallait toujours procéder au fur et à mesure. Lorsqu'on se sentait à l'aise avec la pièce de la semaine en cours, quand il n'y avait plus d'ajustements à faire et plus rien qui clochait, alors seulement on pouvait commencer à parler de la prochaine pièce. Normalement c'était le mercredi soir, vers sept heures. Avant le début du spectacle, toute la troupe se réunissait au sous-sol dans la salle de cartes et c'est là qu'on discutait pour la première fois de ce qu'on allait jouer la semaine suivante. C'était la répétition...

Autour de la table, pour les besoins de l'exercice, mettons qu'il y avait Jean Grimaldi, Manda Parent, Paul Desmarteaux, Paul Thériault, Francine Grimaldi et moi[1]. Lorsque La Poune ou Olivier Guimond

---

[1]. Je dis «mettons» parce que le personnel aussi changeait plus ou moins chaque semaine. La troupe permanente, durant les trois ou quatre premières années, était composée de Jean Grimaldi, Francine Grimaldi, Robert Desroches, Paul Desmarteaux, Suzanne Langlois et moi. À ce noyau, toutefois, pouvait s'ajouter la vedette invitée de la première partie; quelqu'un comme Paolo Noël, par exemple, se joignait parfois à la troupe pour la

venaient passer la semaine au théâtre, ils avaient le choix de faire leur numéro en première partie du spectacle ou de se joindre à la troupe pour la grande comédie, et dans ce dernier cas ils montaient eux-mêmes la pièce. Mais autrement, je dirais la plupart du temps, c'est Jean Grimaldi qui dirigeait les opérations. Quand la réunion commençait, il avait déjà décidé quelle pièce nous allions jouer:

— Alors la semaine prochaine, disait-il, on va jouer *Le Bonhomme Beausoleil*.

— Oui, oui, pas de problème, disaient les autres. C'est une bonne idée, très bonne idée.

Le Bonhomme Beausoleil? Pour eux, c'était comme s'il avait dit *Le Malade imaginaire* ou *On ne badine pas avec l'amour*. Tout le monde savait exactement de quoi il parlait. (Sauf moi...) Alors on passait immédiatement à la distribution des rôles. Mais la distribution, dans le fond, elle avait été faite quinze, vingt ans plus tôt, quand ces mêmes acteurs, dirigés par le même Jean Grimaldi, avaient joué cette pièce pour la dernière fois. Rien qu'en entendant le titre, ils savaient déjà ce qu'ils allaient faire et quels rôles ils allaient jouer.

Si bien qu'à ma grande surprise — du moins les premières fois — il arrivait que Paul Desmarteaux se

---

grande comédie après avoir fait son tour de chant. De plus, à n'importe quel moment un ou des «permanents» pouvaient s'absenter pour une période indéterminée; alors on appelait des gens comme Paul Thériault, Paul Berval ou Léo Rivest, qui pouvaient rester deux semaines ou deux mois d'affilée selon leur disponibilité.

lève sans dire un mot, sans faire de bruit, et file à l'anglaise. Il s'en allait, tout simplement! Parce que lui aussi, bien sûr, connaissait le répertoire sur le bout de ses doigts. Alors quand c'était une pièce ou un rôle qu'il n'aimait pas particulièrement, il s'arrangeait pour disparaître, ni vu ni connu...

Faut-il rappeler que la répétition venait à peine de commencer? Pourtant, de la façon dont les choses se déroulaient, c'est comme si elle était déjà terminée.

Quand même, puisque chacun fonctionnait de mémoire, il fallait s'assurer que tout le monde avait les mêmes souvenirs. Alors en s'aidant des bouts de papier sur lesquels il avait noté certains détails importants, M. Grimaldi repassait la pièce dans ses grandes lignes: le décor, la situation, le déroulement, le punch. Et la distribution des rôles se faisait au même moment. Par exemple:

> *Grimaldi (la tête penchée sur ses papiers):* **Quand la pièce commence, la mère est en train de faire des tartes. La mère, bien sûr, c'est Manda. Ensuite la fille arrive et la fille c'est Francine... Ensuite...** (levant les yeux pour se rafraîchir la mémoire, et voyant Paul Thériault) **Ensuite bien sûr, il y a Paul qui joue le vieux garçon qu'on veut lui faire épouser...**

Et ainsi de suite. Comme les pièces elles-mêmes pouvaient se résumer en quelques phrases, il s'agissait surtout d'adapter l'histoire en fonction du nombre d'acteurs qu'on avait sous la main. Si on était plus nombreux, on pouvait ajouter des scènes, inventer des rôles; si on l'était moins, on allait à l'essentiel... D'ailleurs, quand tous les souvenirs concordaient, cela pouvait se faire très vite.

> *Grimaldi:* Donc Manda fait ses tartes, ensuite Francine arrive, elle se plaint, etc.; ensuite le père arrive, puis c'est l'amoureux qui entre avec son bouquet; la chicane pogne, etc. Ça va pour tout le monde?

Mais ça n'allait pas toujours. Plusieurs pièces dans le répertoire se ressemblaient beaucoup. Des histoires de filles à marier, il pouvait y en avoir une dizaine de plus ou moins semblables. Donc il arrivait que deux ou trois personnes autour de la table se rendent compte tout à coup qu'elles ne parlaient pas de la même pièce. Manda, par exemple, pouvait s'écrier:

> *Manda:* Mais non! Moi j'ai jamais fait de tartes dans *Le Bonhomme Beausoleil*. À moins que tu te trompes avec une autre... Peut-être qu'elle faisait des tartes là-dedans mais pas moi. Moi je lavais le plancher...

Mais le plus souvent c'est M. Grimaldi qui avait raison, lui qui avait une mémoire absolument prodigieuse. Quoi qu'il en soit, ils finissaient bien par s'entendre à un moment donné.

> *Grimaldi:* Bon. Tout est réglé? Tout le monde est d'accord? Les tartes, le bouquet de fleurs? Alors c'est parfait. Il reste combien de temps avec le début du spectacle? Trente minutes? Ah ben, dans ce cas on a le temps de jouer une petite partie de cartes. Tout est parfait, sors les cartes!

Et voilà, fin de la répétition...

Tout ça avait pu durer quinze, vingt minutes, selon qu'ils s'entendaient ou non dans leurs souvenirs. Cela durait, en fait, jusqu'à ce que je m'écrie:
— Wow! Wow, les moteurs! J'ai rien réglé, moi! J'étais pas là, moi, quand vous avez joué ça, ni avec Manda ni avec une autre. Que la mère fasse des tartes ou qu'elle en fasse pas pour moi c'est pareil: j'ai rien compris!

C'était comme un cri du cœur... C'était le cri du directeur qui ne sait pas où il s'en va. Et enfin je posais la question qui me brûlait les lèvres depuis le début:
— Coudonc, qu'est-ce que je fais là-dedans, moi?
— Mais voyons donc, toi tu fais le niaiseux! répondait Grimaldi. Tu vas voir, c'est pas compliqué. La fille veut se marier avec toi mais le père veut pas parce qu'il peut pas te sentir. Alors quand tu viens faire la cour à

Francine, parce que tu sais que le père t'aime pas, tu décides de flirter avec la belle-mère pour l'avoir de ton bord, tu comprends. Donc tu fais dix ou quinze minutes avec Manda avant que j'arrive...

— Et après?

— Après tu sors et tu reviens juste après la scène du vieux garçon. Là tu fais quinze minutes avec Manda, Francine et moi. Elle est pour toi, moi je suis contre et ensuite c'est le punch. Le punch, c'est...

Et c'est à ce moment-là, au moment où on ne l'attendait plus, que Paul Desmarteaux revenait parmi nous! Chaque fois qu'il nous refaisait le coup, M. Grimaldi était toujours aussi surpris. En le voyant arriver, il se prenait la tête à deux mains comme le petit gars dans *Maman, j'ai raté l'avion!*:

— Ah! cacarisse! Paul, mais où t'étais?

On pensait avoir tout réglé, mais non... Parce que Desmarteaux avait filé à l'anglaise dès le début de la répétition, Grimaldi avait fini par l'oublier et il avait construit sa pièce sans tenir compte de lui. Alors vite, il lui inventait un petit rôle, dans une scène ou deux, par exemple un rôle de servant, petit rôle qui au bout de la semaine suivante en serait devenu un grand grâce à l'immense talent de Paul Desmarteaux.

Et voilà, maintenant la répétition était finie pour de vrai. Quand on s'entendait sur les rôles, le déroulement, le punch, il n'y avait plus rien à dire.

Grimaldi: Bon, alors tout est réglé? Il reste combien de temps? Quinze minutes? On a le temps de jouer une partie de cartes?

La grande et la petite

Comme on vient de le voir, les pièces du répertoire étaient en fin de compte de simples canevas à partir desquels on pouvait imaginer toutes sortes de développements, toutes sortes de rebondissements. Par exemple: un vieux fermier veut vendre sa ferme mais sa femme et sa fille, parce qu'elles y sont attachées, font tout pour l'en empêcher. Placés dans cette situation, trois acteurs (ou plus, si on décidait de leur donner d'autres enfants, des voisins, etc.) pouvaient faire à peu près tout ce qu'ils voulaient pourvu qu'ils servent la pièce, qu'ils fassent avancer l'action et ne perdent jamais de vue le but premier de toute l'entreprise, qui était de faire rire.

C'est donc ainsi que j'ai appris à connaître le répertoire burlesque, à raison d'une pièce par semaine durant trois ou quatre ans. Pour ce qui est d'apprendre à jouer à la manière burlesque, c'est une autre histoire. Les dix minutes que Jean Grimaldi me demandait de faire avec Manda, personne ne me disait comment ou avec quel matériel je devais les faire. Il fallait que j'apporte mes propres gags, ma propre façon de jouer, d'agir et d'interagir.

C'est pourquoi je disais tantôt que jamais rien n'était figé. La même pièce ou le même sketch joué avec Manda ou avec La Poune comme partenaire, c'étaient deux expériences complètement différentes. Je savais avant de monter sur scène que je ne pourrais pas jouer de la même façon et je savais que la pièce elle-même prendrait une tournure très différente avec l'une ou avec l'autre.

La Poune était un personnage. Sur scène comme dans la vie, elle était pareille: obstinée, têtue, passionnée, drôle, explosive, etc. Elle était drôle mais attention: elle pouvait se fâcher, La Poune! Et quand elle se fâchait, elle était mauvaise, mauvaise... elle pouvait tuer!

Cela aussi, bien sûr, faisait partie de son personnage. N'empêche qu'au temps du National, si elle n'avait pas eu ce genre de caractère, elle n'aurait jamais pu tenir tête aux Desmarteaux, Thériault, Rivest et compagnie. Quand ils avaient vingt ans, ces gars-là étaient loin d'être des anges. Le spectacle commençait à huit heures et à huit heures moins cinq il y en avait toujours un qui manquait, un autre qui arrivait un peu paqueté, un autre qui repartait... La Poune, elle, était haute comme trois pommes. Comment pouvait-elle espérer se faire respecter? *Il fallait* qu'elle soit dure. Il fallait non seulement qu'elle leur tienne tête mais qu'elle les tienne en laisse. Sinon ç'aurait été le *free for all*...

Alors sur scène, c'était la même chose. C'était le même contraste entre le petit bout de femme haut comme trois pommes qu'elle était en dehors et l'espèce de géant qu'elle était en dedans. La Poune, quand elle jouait, on aurait dit qu'elle mesurait sept pieds. C'est elle qui prenait toute la place. Non pas qu'elle vous piquait vos répliques mais elle était toujours en pleine possession de tous ses moyens. Elle pétait le feu, comme on dit. Elle connaissait son métier sur le bout de ses doigts et elle ne laissait jamais, jamais rien passer.

Avec Manda, naturellement, c'était différent. Elle n'avait pas le même tempérament, ni comme femme ni comme comique. Et elle n'avait pas du tout vécu le même genre de vie. Au contraire de La Poune, qui n'a jamais été malade, Manda a toujours eu une très mauvaise santé. Vers la fin de sa vie, elle faisait de l'arthrose et du diabète, elle avait aussi des problèmes d'estomac et des problèmes au foie en plus d'être atteinte de la maladie de Parkinson. Bien sûr, il y avait son poids qui ne l'aidait sûrement pas mais elle n'avait commencé à engraisser qu'au début des années soixante. Or même dans sa jeunesse, quand elle était si mince qu'on l'appelait Épinglette, elle avait déjà toutes sortes d'ennuis avec sa santé, elle souffrait d'anémie, entre autres, et de basse pression.

Si la Poune avait le tempérament d'un général ou d'un chef d'entreprise, donc de quelqu'un qui a l'habitude de diriger les hommes, Manda était plutôt du genre soldat, mais alors c'était le meilleur soldat qu'on puisse trouver. Manda pouvait faire n'importe quoi: elle pouvait aussi bien faire rire que faire pleurer; elle pouvait s'en tenir au texte ou improviser avec la même facilité. Manda était une très, très bonne comédienne.

Je me souviens d'une revue, vers le milieu des années soixante-dix, pour laquelle j'avais écrit un numéro qui devait durer une dizaine de minutes. Manda y jouait une *bag lady,* une clocharde qui boit, assise sur un banc de parc, et qui décide tout à coup d'écrire une lettre à son chum. Elle s'installe avec son papier et son crayon, le dix onces devant elle, et plus elle boit, plus elle écrit, et plus elle se laisse aller. Manda était tellement bonne dans ce genre de truc qu'à la fin de la revue, à force d'improviser, à force d'ajouter des nouvelles blagues chaque soir, des dix minutes qu'il faisait au début son monologue était passé à quinze puis à vingt puis à vingt-cinq minutes.

Elle était tellement bonne que très souvent, quand on jouait tous les deux, je faisais exprès de rater mes entrées rien que pour voir comment elle s'en sortirait. Quand elle me donnait la réplique, le signal m'indiquant d'entrer sur scène, je restais planté en coulisses à lui faire signe d'étirer, d'allonger... C'est un coup bas, je le sais, mais c'est un coup qu'on ne fait pas à n'importe qui. Avec quelqu'un d'autre, moins expérimenté, la scène aurait tombé, ç'aurait été catastrophique. Tandis qu'avec Manda, c'était fantastique. Quand elle voyait que je n'arrivais pas, elle me lançait un regard par en dessous, l'air de dire: «Toi, mon petit maudit...»; puis elle se remettait à travailler, à trouver des blagues, des enchaînements, et pour moi c'était une merveille de la voir improviser.

Mais la plus grande force de Manda, sur scène, c'était la complicité qu'elle établissait avec le public. On sait qu'au grand théâtre, au théâtre conventionnel, il y a ce qu'on appelle un quatrième mur: c'est le mur, imaginaire, entre la scène et la salle, et c'est un mur qu'on ne franchit jamais. On s'imagine mal Shakespeare, par exemple, joué de cette façon:

— Être ou ne pas être, telle est la question... Pas vrai, m'ame Chose?

Or, au Théâtre des Variétés, ce quatrième mur n'a jamais existé. Si on veut s'adresser au public en général ou même à quelqu'un en particulier — et c'était d'autant plus facile dans le temps que c'étaient tous des habitués, qui revenaient à chaque semaine avec leurs billets de saison —, on peut le faire.

Donc c'est un peu à quoi je devais m'attendre quand je jouais avec Manda. Mettons une scène dans laquelle elle et moi étions mari et femme. Pour une raison ou pour une autre, la chicane éclatait. On se lançait des bêtises pendant un certain temps et tout à coup Manda se tournait vers la salle:

— Ah pis, on le sait ben, les hommes sont tous pareils! Vous, Madame Thibodeau, qu'est-ce que vous en pensez?

À ce moment-là, je savais que j'allais passer un mauvais quart d'heure! Manda venait de prendre le dessus; Mme Thibodeau (rangée F, siège 1) était devenue sa complice, et bientôt toutes les femmes dans la salle s'étaient liguées contre moi et contre tous les hommes de la terre.

Alors Manda en rajoutait:

— C'est votre mari, ça? disait-elle en montrant un homme qui avait eu le malheur de s'asseoir en F 2. M'a vous l'arranger, moi! Vous allez voir, vous le reconnaîtrez pas...

Physiquement, Manda était assez imposante... Mais plus encore que sa corpulence, ses petits yeux noirs comme du charbon impressionnaient. Quand elle se mettait à descendre les marches en le regardant droit dans les yeux, comme si elle était bien décidée à lui régler son compte, le pauvre homme aurait voulu disparaître! Ensuite elle remontait sur scène et c'est sur moi, finalement, que ça retombait:

— J'aime ça quand ils sont petits de même. Ça se déplace facilement, on peut les mettre où on veut. Regardez-moi ça comme c'est facile à bardasser!

Pour me défendre, bien sûr, moi je l'attaquais au sujet de sa grosseur. Je pouvais dire, par exemple:

— Saviez-vous que Manda a perdu cinquante livres? Oui, oui, elle s'est fait percer les oreilles...

Mais le plus souvent c'est Manda elle-même qui abordait le sujet. Elle faisait semblant de se trouver toute petite... Elle disait qu'elle venait de s'acheter un maillot de bain qu'elle avait très hâte d'étrenner et elle nous sortait un bikini qui aurait été trop petit pour La Poune! Ou bien elle se vantait d'avoir déjà pesé pas plus de 90 livres — ce qui était vrai, d'ailleurs —, ce à quoi je répliquais aussitôt:

— Peut-être, oui, à ta naissance!

Elle-même n'était pas du tout complexée mais c'est une chose sur laquelle elle travaillait beaucoup. Son poids, son image, cela aussi faisait partie de son numéro... et de son charme.

Autant La Poune, sur scène, pouvait faire croire qu'elle était grande, autant Manda se faisait toute petite...

Paul Desmarteaux, recto verso

Je me souviens d'un soir où nous étions en train de jouer la grande comédie. J'étais sur scène avec Paul Desmarteaux et tout à coup j'ai entendu un bruit étrange. On aurait dit un bruit de «stampede», des bruits de pas mais en beaucoup plus fort, comme amplifiés. Je n'avais jamais entendu une chose pareille mais Paul Desmarteaux, qui avait plus d'expérience, s'est tout de suite arrêté de jouer: dans la salle, c'était le sauve-qui-peut.

Le fait est que nous en étions aux tout débuts du Théâtre des Variétés et que l'air climatisé n'était pas encore installé. Quelquefois, en été, pour rafraîchir la salle, on ouvrait les portes qui donnaient sur la rue. Ce qui est arrivé, c'est que les autobus nolisés stationnés devant le théâtre avaient laissé leurs moteurs tourner pour assurer leur propre climatisation et subitement les gaz d'échappement s'étaient engouffrés dans le théâtre. Il avait suffi ensuite qu'un petit comique crie «au feu!» pour que les gens se ruent vers les sorties, provoquant ainsi un début de panique.

C'est alors que Paul Desmarteaux est intervenu. Honnêtement, je ne pense pas qu'un autre que lui aurait pu y changer quoi que ce soit. À ce stade-là, même les placiers se faisaient bousculer en tentant de s'interposer et se trouvaient à être entraînés par la vague. Mais Paul Desmarteaux n'était pas n'importe qui. Dès qu'il a compris ce qui se passait, il est allé à l'avant-scène et s'est adressé directement aux gens. D'une voix forte et calme, avec toute l'assurance et la persuasion dont il fallait faire preuve dans un cas pareil, il leur a expliqué ce qui arrivait et les a convaincus de retourner à leurs sièges. Si tout s'est bien terminé ce soir-là, qu'il n'y a pas eu trop de dommages et surtout pas de blessés, on peut dire que c'est grâce à lui.

Ce Desmarteaux-là, imposant, impressionnant, capable de calmer à lui seul une foule paniquée, c'était pourtant le même homme qui pouvait s'amuser comme un petit fou à toutes sortes d'enfantillages. J'ai dit plus tôt qu'il avait l'habitude de s'éclipser chaque semaine au moment de la répétition, forçant M. Grimaldi à lui trouver un petit rôle quand tous les autres étaient déjà pris. Eh bien! chaque lundi, quinze minutes avant la première, Desmarteaux remettait ça: il allait se cacher quelque part pour se maquiller et il s'arrangeait pour ne réapparaître qu'une fois la pièce commencée, quand on était déjà sur scène.

D'une semaine à l'autre, même si tout le monde était prévenu, c'était le fou rire général lorsqu'on découvrait son nouveau maquillage. Juste pour nous surprendre et nous faire perdre contenance, il pouvait se faire des têtes absolument invraisemblables! Ses moustaches, par exemple, parce qu'il n'aimait pas en porter des fausses, étaient toujours dessinées au crayon. Alors il s'en faisait des extravagantes qui lui montaient jusqu'aux oreilles et parfois même qui lui tournaient comme des lunettes autour des yeux. Et quand il avait la chance d'embrasser une fille, il lui collait un tel baiser que sa moustache en disparaissait. C'est la fille qui en héritait! Elle avait du noir partout et, souvent à son insu, elle avait l'air d'un zèbre pour le restant de la scène. Parlez-en à Monique Saint-Onge, entre autres innocentes victimes...

Parlez-en aussi à Suzanne Langlois. Suzanne fait partie de ces comédiennes qui sont tellement typées, physiquement, qu'on a parfois du mal à ne pas les confondre avec leurs rôles. Ainsi, Suzanne peut donner l'impression d'être une femme aussi acariâtre et difficile que les mégères qu'elle interprète mais il suffit de gratter un peu pour s'apercevoir que la viande est bien tendre... près de l'os.

Au tout début, comme je l'ai dit plus tôt, une soirée au Théâtre des Variétés commençait par les deux films français présentés de cinq heures à huit heures. Après quelques années, cette tradition a cédé le pas à ce qu'on appelait «les ouvertures musicales». Il s'agissait d'une histoire en chansons à laquelle participait toute la troupe. Avec le talent qu'on lui connaît, Fernand Gignac fournissait la musique et les paroles de ces petites histoires qui pouvaient se passer aussi bien en ville qu'à la campagne, à l'école ou au restaurant du coin, et dans lesquelles lui-même jouait et chantait.

Toujours est-il que durant l'une de ces ouvertures musicales, Suzanne Langlois et Paul Desmarteaux se sont retrouvés côte à côte, jouant les amoureux. À un moment donné, alors qu'ils chantaient tous les deux, tendrement enlacés, la voix et l'attitude de Suzanne ont changé du tout au tout. Elle avait l'air vraiment enragée et sa voix faisait de drôles de bonds du très grave au très aigu. Naturellement, le public ne pouvait pas savoir que Paul Desmarteaux s'amusait à lui pincer les fesses. La pauvre Suzanne continuait de chanter malgré tout; elle souffrait le martyre mais Paul Desmarteaux semblait bien fier de son coup.

Maintenant, je vous le demande, lequel des deux était le vrai Paul Desmarteaux? L'homme intelligent et posé, capable du plus grand sérieux, celui qui jouait le curé Labelle dans *Les Belles Histoires des pays d'en haut?* Ou bien l'autre, le joueur de tours, qui était exactement le contraire du premier? Le recto ou le verso?

L'irremplaçable remplaçant

La seule personne que Paul Desmarteaux n'a jamais réussi à faire enrager, c'est Paul Thériault. Pourtant, ce n'est pas faute d'avoir essayé et de toutes les façons imaginables. Mais Paul Thériault, absolument rien ne le dérangeait: ni le sel dans son café ni les tomates dans ses souliers, ni les fausses entrées qu'on lui faisait faire ni même les fausses critiques que Paul Desmarteaux pouvait formuler à l'égard de son jeu:

— Écoute, disait Desmarteaux, le rôle que tu joues, franchement, tu l'as pas pantoute. Non mais c'est vrai, on dirait que t'as jamais joué. Tu joues comme un amateur!

Rien n'y faisait. Tout ce qui aurait provoqué chez n'importe qui d'autre de la colère ou de la gêne ou de l'exaspération se heurtait chez Paul à un inébranlable mur de bonne humeur.

— Ça fait quarante ans que j'essaye de le faire fâcher, disait Desmarteaux, et j'y suis jamais arrivé.

Comme Jean Grimaldi, Paul Thériault portait un toupet mais, contrairement au premier, il était impossible de le taquiner à ce sujet. C'est-à-dire qu'on avait beau faire des blagues, déplacer son toupet, même le lui arracher, Paul restait imperturbable. Je me souviens d'une pièce dans laquelle, sans le faire exprès (je le jure!), au moment où je devais le prendre par la tête et le pencher en avant, ma main a glissé et sa perruque s'est décollée. Quand Paul a relevé la tête, cette touffe de cheveux lui pendait en pleine visage. C'était tellement drôle et imprévu qu'on a tous éclaté de rire. Paul, lui, s'en fichait bien. Au lieu d'accuser le coup, au lieu de recoller en vitesse ce qui s'était décollé, il a arraché ce qui restait et s'est mis à me pourchasser autour de la scène en donnant des grands coups de postiche. Du Thériault tout craché!

S'il n'a jamais fait partie de la troupe régulière, Paul Thériault n'a jamais cessé de travailler au Théâtre des Variétés. Je dirais même qu'il a travaillé chez nous autant sinon plus que bien des réguliers. Dès qu'un acteur était malade ou avait des obligations qui l'empêchaient de poursuivre son engagement, on faisait toujours appel à lui en premier. Et Paul n'a jamais refusé. N'importe quand, n'importe comment, c'était toujours oui.

D'une certaine façon, justement parce qu'il était en quelque sorte l'éternel remplaçant, «l'irremplaçable remplaçant», Paul Thériault est peut-être celui qui résume le mieux l'esprit qui animait le Théâtre des Variétés durant les premières années. Dans ce temps-là, dès qu'il y avait le moindre pépin, la moindre chose qui clochait, tout le monde se précipitait pour sauver le spectacle. Il pouvait arriver, par exemple, qu'un des numéros prévus au premier acte manque à l'appel.

Alors on voyait le régisseur apparaître dans la salle de cartes:

— Vite, le jongleur est pas arrivé. Il manque un numéro...

Je vous assure qu'on n'avait pas besoin de tirer à la courte paille pour savoir lequel ou lesquels d'entre nous iraient le remplacer. Même que ce serait plutôt le contraire: tout le monde se levait d'un bond et c'est en montant les escaliers qu'on choisissait le sketch qu'on allait jouer, le temps qu'on mettrait à le faire et le nombre d'acteurs dont on avait besoin. Mais on était tous si habitués d'improviser dans le style burlesque, et on connaissait si bien le répertoire, qu'on aurait pu jouer toute une pièce, tout de suite, avec toute la troupe! On l'aurait fait avec plaisir, sans se faire prier!

Dans le monde de *l'ad lib.*, parce que la performance de chacun repose sur celle des autres (parce que le comique, par exemple, ne peut rien faire sans son *straight man*; parce qu'on ne doit pas improviser chacun pour soi ou les uns contre les autres mais les uns avec les autres, sans quoi la pièce n'avancerait pas), il est inévitable qu'il se crée entre les acteurs une sorte de complicité, ou de solidarité. Au Théâtre des Variétés, c'était d'autant plus vrai qu'on passait pratiquement toute notre vie ensemble. Sept jours par semaine, à partir de la fête du Travail jusqu'à la Saint-Jean-Baptiste, on travaillait côte à côte; on mangeait, on jouait, on riait ensemble; et cette proximité, cette intimité a duré des années...

C'est sans doute un cliché mais nous formions vraiment une grande famille et c'est pourquoi, un beau jour, l'idée m'est venue d'organiser un réveillon de Noël qui aurait lieu au sous-sol du théâtre. De toute façon, pour la plupart d'entre nous, le théâtre était devenu comme un second chez-soi. Sans compter que plusieurs artistes avaient peu ou pas de famille avec qui fêter Noël. De cette manière, ils sauraient où aller, ils auraient au moins leur réveillon.

Nous avons donc envoyé des invitations à tout le monde et tout le monde, mais alors tout le monde est venu: les employés, les comédiens et un grand nombre d'artistes parmi les habitués et les amis du théâtre, sans oublier leurs familles et sans oublier la mienne: ma mère et mon frère Bernard ainsi que ma tante Jeanne, qui fut la toute première caissière du Théâtre des Variétés[1].

Pour la circonstance, bien sûr, étant donné qu'il y aurait plusieurs enfants, il nous fallait un Père Noël. Alors à qui, pensez-vous, allions-nous demander de jouer ce rôle? À Paul Thériault évidemment... Comme d'habitude, toujours disponible, toujours prêt à rendre service, Paul accepta de jouer le Père Noël. Et c'est ainsi qu'à minuit moins quart, alors que la fête battait son plein, il s'éclipsa pour aller mettre le fameux cos-

---

[1]. Jeanne Desjardins, qui était en fait la tante de ma mère, m'accompagnait le jour où j'ai mis les pieds au Théâtre des Variétés pour la première fois et fut pendant près de vingt-cinq ans la plus parfaite employée dont un petit-neveu puisse rêver.

tume. On lui avait fait un trône au pied duquel les parents avaient déposé les cadeaux. Pendant je ne sais plus combien de temps, les enfants défilèrent devant le Père Noël qui remit des cadeaux à chacun. Ensuite Paul retourna mettre son costume de ville et redescendit poursuivre les festivités avec nous.

Une demi-heure plus tard environ, beaucoup d'autres amis arrivèrent avec leurs enfants, et les cadeaux recommencèrent à s'accumuler au pied du trône du Père Noël. Sans dire un mot, Paul remonta, enfila son costume et pour la seconde fois, avec la même générosité, il accueillit tous les enfants, un à un, et leur remit leurs cadeaux. Mais ce n'était pas fini. Encore plus tard dans la nuit, d'autres invités se présentèrent avec leurs enfants et pour une troisième fois, Paul dut remettre son costume, remonter sur son trône et procéder à la distribution des cadeaux, avec encore et toujours la même patience et la même générosité.

Pour ceux qui ont connu Paul Thériault, je suis sûr qu'il n'y a rien de bien étonnant dans ce qui précède. Car en plus de toutes ces autres qualités, en plus d'exceller dans les rôles qu'on lui confiait, Paul a gardé toute sa vie son cœur d'enfant.

L'ouragan Blanchard

Paul Thériault était tellement calme que même Claude Blanchard ne réussissait pas à lui faire perdre son sang-froid, ni sur scène ni en coulisses, et ça c'est tout dire! Pour ce qui est de Léo Rivest, par contre, c'est une autre histoire... Léo n'était pas un mauvais gars, loin de là, mais disons qu'il avait la mèche pas mal courte...

Si on s'en souvient surtout de nos jours comme du partenaire de Claude Blanchard, Léo Rivest avait aussi beaucoup travaillé avec le père d'Olivier Guimond, avec Olivier lui-même ainsi qu'avec la plupart des comiques de son époque. C'était l'un de nos meilleurs *straight men* et c'est l'un de ceux qui ont marqué l'histoire du Théâtre des Variétés.

Quant à Claude Blanchard, on connaît son style: sur scène, c'est celui qui bouscule tout le monde, donne des gifles à droite et à gauche et pour finir brise les décors. Un vrai ouragan! Je me souviens d'une scène en particulier où il s'en donnait à cœur joie avec Paul Thériault et Léo Rivest. Le soir de la dernière, pour faire changement, il empoigne Thériault par le collet et lui déchire sa chemise; ensuite il le prend par une manche de son veston, tire un bon coup et arrache la manche!

Venant de lui, d'une certaine manière, c'était prévisible. Pourtant c'était toujours très drôle et pour le public c'était une sorte d'exutoire: qui n'a pas rêvé un jour ou l'autre de tout casser autour de lui, de bardasser son patron, son propriétaire ou son beau-frère?

Quant à Paul Thériault, il en fallait pas mal plus pour le décontenancer. Après le spectacle, alors que tous deux regagnaient leurs loges, il se tourna vers Claude et lui dit simplement, calmement:

— Si tu me l'avais dit, j'aurais mis un autre complet que celui-là.

— Inquiète-toi pas, répondit Claude l'air d'avoir tout prévu. Je vais te donner un autre habit. Y a pas de problème.

Effectivement, deux ou trois minutes plus tard, il vint trouver Paul dans sa loge et lui remit un bel habit presque neuf.

— Tu vois, dit Claude. Je t'avais pas menti...

Paul n'en demandait pas tant. Il accepta l'habit et s'en retourna chez lui sans poser de questions. Maintenant, je vous laisse deviner le reste... Eh oui, il n'était pas parti depuis deux minutes qu'on entendit Léo Rivest s'écrier, prêt à piquer une sainte colère:

— Hé! Où est mon habit?

Olivier Guimond

Quand Red Skelton est passé à la Place des Arts il y a quelques années, je suis allé le voir dans sa loge avant le spectacle. Je sais que cela ne se fait pas et, à mon âge, je ne peux pas plaider l'innocence comme au temps de Fernandel. Mais je me disais que ce n'est pas une petite visite de courtoisie qui pourrait déranger un homme comme Skelton qui fait les mêmes routines depuis tant d'années.

Quand je suis arrivé devant sa loge, dont la porte était grande ouverte, Skelton était seul avec la dame qui durant ses spectacles fait la traduction simultanée pour les spectateurs sourds et muets. Elle était en train de le prendre en photo mais Skelton a dû sentir que quelqu'un venait d'arriver. Il s'est retourné, m'a regardé un instant et s'est exclamé en riant: «*Well, come in! How are you*[1]?» Skelton ne m'avait jamais vu, il ne savait même pas que j'existais mais il m'a si bien accueilli, il m'a parlé avec tellement de chaleur que je me suis retrouvé, pendant quelques secondes, absolument incapable de dire un mot.

---

1. «Entrez! Comment allez-vous?»

De toutes les vedettes internationales que j'ai rencontrées, Red Skelton est sans doute celui qui m'a le plus impressionné et le fait qu'il ressemblait tant à Olivier Guimond y est sûrement pour quelque chose. Avant ce soir-là, il m'était déjà arrivé de faire le rapprochement entre les deux mais cela ne m'était jamais apparu aussi évident: en plus d'être allés à la même école, en plus d'avoir à peu près le même style et le même matériel, les deux hommes avaient la même générosité et surtout le même regard plein de bonté. Ils avaient tous les deux la même humilité et ce petit côté vulnérable, ce petit air d'éternelle victime qui les rendait si attachants.

Le génie d'Olivier Guimond, plus que dans ses mimiques et dans ses incomparables jeux de scène, plus que dans sa maîtrise de la pantomime et de l'*ad lib.*, il était là: dans cette faculté d'aller chercher spontanément la sympathie de tous les publics. Depuis quarante ans que je fais ce métier, je ne me rappelle pas avoir déjà vu ou entendu quelqu'un qui n'aimait pas Olivier Guimond. C'est quand même extraordinaire! On pouvait l'aimer plus ou moins, l'aimer beaucoup, passionnément ou rien qu'un petit peu, mais il y avait une part de nous qui ne pouvait pas faire autrement que de l'aimer.

Laurel et Hardy avaient coutume de dire, et je cite de mémoire: «Tant que chaque spectateur va pouvoir penser, grâce à nous, qu'il y en a au moins deux sur terre qui sont plus niaiseux que lui, nos affaires vont bien aller.»

D'Olivier Guimond, on pourrait dire à peu près la même chose. Son Basile était un homme comme les autres sauf qu'il était, en toutes choses, une coche en dessous de la moyenne. Malchanceux au jeu, malchanceux en affaires, c'était un gars correct, un gars honnête sur qui les tuiles n'arrêtaient pas de tomber; un gars à qui son meilleur ami empruntait toujours un dix qu'il ne lui remettait jamais, à qui sa belle-mère ne cessait de faire des misères, etc.

Et c'est pour ça, dans le fond, que les gens l'aimaient tant. Grâce à Olivier, chacun pouvait se dire qu'il y en avait au moins un sur terre qui était plus mal pris et plus malchanceux que lui...

Maintenant qu'on a fait sur sa vie une télésérie qui a remporté beaucoup de succès, tout le monde sait qu'Olivier Guimond n'a pas eu la vie facile. Il a eu toutes sortes d'ennuis personnels et, comme je l'ai dit plus tôt, il s'est fait rouler plus souvent qu'à son tour sur le plan professionnel. Et puis, surtout, il a eu des problèmes avec son père, qui n'a jamais accepté de le voir faire le même métier que lui...

Mais le père n'a pas que des torts dans cette histoire. De nos jours, celui qui veut devenir comique a encore beaucoup de pain sur la planche; quand même, il lui suffit d'une ou deux apparitions à la télé pour être vu et entendu par des millions de personnes. Grâce à la télévision, il peut se faire un nom en un rien de temps... Or à l'époque du père Guimond, la télévision n'existait pas. Avant qu'un artiste soit connu, il lui fallait faire la tournée de tous les théâtres, de toutes les salles paroissiales et de tous les sous-sols d'églises du Québec. Cela prenait des années et quand la gloire ou la fortune arrivaient, si jamais elles arrivaient, il était déjà vieux... Alors bien sûr que le père aurait voulu que son fils choisisse un métier moins difficile. Qu'il ait manqué de tact ou de sensibilité dans la manière de le faire savoir à Olivier, c'est une autre histoire. Mais comme tous les pères, il souhaitait que son fils connaisse un meilleur sort que lui. Il aurait voulu qu'Olivier devienne avocat, notaire, médecin ou toute autre profession libérale.

Quand on fait le rapprochement entre le père et le fils Guimond, surtout quand on parle à des gens qui ont bien connu le père, il est inévitable que la question de savoir qui était le meilleur, qui était le plus drôle des deux vienne à se poser. C'est la même question qui revient quand on parle de Jacques et de Gilles Villeneuve, par exemple, sauf que les deux pilotes ont des styles bien différents. Tandis qu'Olivier et son père se ressemblaient vraiment beaucoup à tous les points de vue. Tellement que sur certaines photos du père prises quand il était jeune, on croirait reconnaître le fils au même âge. Et sur certains enregistrements où on les entend parler tous les deux — quoique séparément — il est presque impossible de les différencier tellement leurs voix, leurs accents, leurs inflexions sont identiques. Alors lequel des deux était le plus drôle?

Mme Guimond mère, qui était bien placée pour répondre, disait toujours que son mari et son fils avaient autant de talent sauf que l'un était plus travaillant que l'autre. Dans sa bouche, ce n'était pas un reproche à l'endroit d'Olivier, c'était une simple constatation. En allant chercher le matériel aux États-Unis, en adaptant les sketchs ou en en créant de nouveaux qu'il jouait et rejouait sans cesse devant son fils, le père avait fait tout le travail. Olivier n'avait pas à chercher plus loin: tout était là, sous ses yeux ou dans sa mémoire. Le père, lui, avait dû bucher, bûcher, bûcher...

Quoi qu'il en soit, on ne peut pas nier que la bataille entre les deux hommes a duré jusqu'à la mort du père. De là à dire que ç'a été le plus grand drame dans la vie d'Olivier, je ne sais pas... Il a toujours eu toutes sortes de problèmes, des problèmes sentimentaux, des problèmes d'alcool, des problèmes financiers, sans oublier qu'il a perdu un fils de son second mariage...

On sait qu'Olivier avait eu deux garçons avec Jeanne d'Arc Charlebois. Jeanne d'Arc est une femme extraordinaire que j'aime beaucoup, et c'est encore un ravissement pour moi chaque fois que je la rencontre. Je sais qu'elle et Olivier se sont beaucoup aimés; malheureusement, ce mariage n'a pas duré. Le couple s'est séparé et Jeanne d'Arc est allée vivre en Europe avec ses deux petits.

Dans ce temps-là, Olivier travaillait beaucoup mais il buvait au moins autant de sorte qu'il était toujours cassé. Un jour, à Pointe-Fortune, où il donnait un spectacle bénéfice avec Paul Berval, Gilles Pellerin et Denis Drouin, soit toute la troupe de Pique Atout, des enfants vendaient des billets pour une loterie dont le gros lot était une voiture. Olivier acheta le tout dernier billet et quelques jours après, il reçut le télégramme de Jeanne d'Arc lui apprenant que son fils était mort dans un accident de train. Olivier n'avait pas d'argent pour se rendre en Europe mais il gagna l'auto et c'est en la vendant qu'il trouva l'argent nécessaire pour aller là-bas, embrasser Richard et s'incliner sur la tombe du petit Marc.

C'est une drôle de coïncidence, n'est-ce pas? On dirait qu'il y a toujours eu dans sa vie un ange de malheur et un ange de chance. Et c'est comme si cette semaine-là, à quelques jours d'intervalle, les deux s'étaient croisés...

Quand Olivier venait au Théâtre des Variétés, c'était presque toujours pour monter la grande comédie et y jouer. Or le deuxième acte ne commençait jamais avant dix heures mais Olivier arrivait toujours au théâtre au moins deux heures à l'avance.

Avant même le lever du rideau de huit heures, il était là. Pourquoi? Je crois qu'Olivier n'a jamais compris à quel point les gens l'aimaient. Chez nous, le public était gagné d'avance, c'était *son* public. Pourtant, Olivier avait toujours le même trac.

Durant l'entracte entre les variétés et la grande comédie, pendant qu'on installait le décor, il montait sur scène et se promenait de long en large. Pour ceux qui ne le connaissaient pas, c'était pour le moins étonnant de le voir faire les cent pas comme un débutant ou comme un spectateur à qui l'on aurait permis de visiter l'envers du décor. Il regardait comment il était monté, où étaient les accessoires, les meubles, etc.

Au lever du rideau, juste avant d'entrer en scène, il jetait un regard dans la salle comme pour établir un premier contact, une sorte de communication ou de complicité avec le public. Quand il sentait que sa sympathie lui était acquise, que le courant passait, comme on dit, alors Olivier était à son meilleur. Il faisait son entrée et tout lui semblait facile. Et c'est à ce moment-là que les gens qui l'avaient observé durant l'entracte comprenaient ce qu'il avait fait. Tous ses jeux de scène, toutes ses pirouettes qui s'enchaînaient à merveille, il les préparait déjà avant d'entrer sur scène. Il y pensait en se promenant dans le décor, entre les accessoires; il les prévoyait, les visualisait.

Quant à son numéro du gars paqueté qui monte et descend les escaliers, il avait mis toute une vie à le perfectionner et il n'avait plus vraiment besoin de le répéter ni mentalement ni physiquement. Les seuls accessoires dont il avait besoin, c'est une cigarette et un escalier.

Je me souviens qu'après que j'ai été élu Monsieur Télévision, en 1969, Muriel Millard m'a téléphoné pour me demander de jouer dans sa revue à la Comédie Canadienne. J'étais très flatté mais, comme j'avais d'autres engagements, je lui ai suggéré de prendre

Olivier. Entre vous et moi, j'étais sûr qu'elle n'y perdrait pas au change.

Ce qu'il faut dire, cependant, c'est que la mise en scène de cette revue était assurée par nul autre que Gratien Gélinas. À l'époque, Gratien devait connaître Olivier de réputation mais je doute fort qu'il l'eût jamais vu au temps du National, dans les cabarets ou même au Théâtre des Variétés. Alors quand Olivier lui a dit qu'il devait jouer un gars paqueté, Gratien s'est mis en frais de lui expliquer ce qu'il devait faire: arriver par le fond de la salle, descendre l'allée, monter quelques marches, hésiter, enfin grimper sur scène où Muriel l'attendait. Gratien termina en disant:

— Je vais vous montrer.

Et il le fit, puis il demanda à Olivier:

— Maintenant, pouvez-vous me faire ça?

Un autre qu'Olivier se serait peut-être offusqué d'être traité comme un débutant. Après tout, c'est un domaine dans lequel il y avait longtemps qu'il était passé maître. Mais Olivier était la modestie même. Il prit une cigarette dans son paquet, se la mit en bouche puis, sans dire un mot, il commença de monter et descendre l'escalier comme lui seul savait le faire pour finalement tomber en pleine face dans la fosse d'orchestre!

Inquiet, Gratien arrêta tout et alla le trouver.

— Vous vous êtes fait mal? dit-il.

— Non, répondit Olivier en se relevant. Mais moi, c'est comme ça que je fais ça.

Il paraît que les musiciens l'ont trouvée bien drôle...

Cette modestie, chez Olivier Guimond, c'est sans doute l'un des traits qui m'ont le plus marqué. Pour la pantomime, à mon avis, Guimond était dans la lignée des plus grands, des Chaplin, Keaton et compagnie. Pour moi c'était plus qu'un comique ordinaire, c'était un monstre sacré mais Olivier n'en a jamais vraiment été conscient. Sa modestie l'empêchait de concevoir l'étendue de son propre talent et même de sa popularité.

Dans *Cré Basile,* il y avait plusieurs personnages qu'on utilisait qu'une seule fois et qu'on ne revoyait plus jamais. Symphorien devait être l'un de ceux-là. Il s'agissait d'un cousin de Basile, marié et père de quatorze enfants. Quand on m'a demandé de l'interpréter, j'ai décidé de mettre une moustache. Pourquoi pas? Ce serait seulement pour une soirée. Mais c'était une fausse bonne idée car cette moustache, finalement, j'ai dû la garder pendant sept ans.

Dès le début, le personnage a plu et on l'a fait revenir de plus en plus souvent. Marcel l'aimait beaucoup, il lui donnait de bons gags et il m'est arrivé à quelques reprises de constater que Symphorien avait un plus grand rôle que Basile, qu'il avait plus de rires que Basile. Cela me gênait beaucoup et j'en ai fait la remarque à Olivier.

— Es-tu fou? dit-il. Demain matin les gens vont dire: «As-tu vu *Cré Basile* hier? C'était drôle à mort!»

Ce qu'il voulait dire, c'est qu'une comédie de situation est un travail d'équipe. Et c'est vrai. Pourtant, c'est aussi vrai que le succès de *Cré Basile* reposait en grande partie sur ses épaules à lui. Mais Olivier n'aurait jamais osé penser ou dire une chose pareille. Il était beaucoup trop modeste.

De même, quand il avait été élu Monsieur Télévision, en 1966, on avait décidé de lui faire une fête au Colisée de Québec. Sachant qu'Olivier se méfiait toujours de ce genre d'événements, lui qui avait souvent eu affaire à des organisations pas très honnêtes, on ne lui en a parlé qu'une fois que tout a été réglé.

— Ça y est, Olivier, c'est arrangé. On te fait une fête au Colisée.

Cette fois, Olivier n'avait pas de raison de se méfier. Tout était organisé, planifié et conçu par des amis. Quand même, il n'y croyait pas vraiment.

— Ça se peut pas, disait-il, pas le Colisée. Moi je le ferais même pas pour Chaplin.

Il avait peur. Modeste, il ne savait pas à quel point le public l'aimait et il a été le premier surpris de voir qu'on avait facilement rempli le Colisée.

Modeste, il l'était encore sur son lit d'hôpital, à la toute fin de sa vie. Je me souviens que sa plus grande crainte était que les gens ne se souviennent plus de lui. Je crois qu'il a toujours cru à ses chances de s'en sortir. Il pensait qu'on réussirait à le guérir mais qu'on y mettrait tellement de temps que les gens auraient fini par l'oublier...

Au début, puisqu'il souffrait d'un ulcère, on pensait qu'il ne resterait pas longtemps à l'hôpital. D'ailleurs, quand c'est arrivé, Télé-Métropole s'apprêtait à relancer *Le capitaine Bonhomme* et c'était d'autant plus important pour Olivier qu'il s'agissait d'un retour à Télé-Métropole après les fiascos successifs de *La Branche d'Olivier* et de *Smash*, à Radio-Canada. Olivier était vraiment peiné d'être hospitalisé juste au même moment. Mais au pire, on pensait qu'il raterait une semaine, peut-être deux. Alors je lui ai dit:

— Écoute, Olivier. On sait que Freddy Washington est un Américain qui vient de la Californie. Pour expliquer ton absence, on n'a qu'à dire que tu t'en viens à bicyclette. Chaque jour, on recevra un téléphone de toi nous racontant que tu es rendu disons dans les Carolines, le lendemain tu seras rendu au Vermont, et ainsi de suite. Mais dès que tu sors de l'hôpital, tu t'amènes au studio et on enchaîne.

Cela, c'était juste avant son opération. Quand je suis retourné le voir à sa sortie du bloc opératoire, l'infirmière m'a dit:

— Il délire, on ne comprend pas ce qu'il dit. Il parle de bicyclette, de Caroline, de Freddy Washington...

Moi je comprenais très bien de quoi il parlait. Il s'était endormi avec l'idée qu'il allait manquer la première semaine. Par contre, dans sa tête, il s'en venait déjà...

Malheureusement, dès les premiers jours suivant l'opération, il y a eu des complications. Un rein a cessé de fonctionner. Puis on a découvert qu'il était atteint d'une grave infection sanguine, appelée septicémie. Et les problèmes n'ont plus cessé de s'ajouter les uns aux autres. Quand on croyait en avoir réglé un, un autre survenait. Et cela a duré des semaines, des semaines qui lui ont semblé une éternité. C'est pourquoi il m'a dit craindre que les gens ne se souviennent pas de lui quand il serait enfin guéri.

Par hasard, quelques jours plus tard, j'étais l'un des invités au talk-show de Réal Giguère. Alors j'en ai profité pour en parler au public, à son public, car les gens l'aimaient toujours autant. J'ai dit simplement:

— Olivier pense que vous ne vous souvenez plus de lui. Écrivez-lui donc un petit mot. Quelques phrases comme: *Bonne chance, Olivier, on se souvient de toi. Reviens-nous vite.* Pas plus que ça, et envoyez vos lettres à l'hôpital.

Dans les jours qui ont suivi, il a reçu tellement de lettres qu'elles nous arrivaient dans des gros sacs de la poste. Olivier était visiblement très heureux. On n'a jamais été capables de passer au travers mais chaque fois qu'on allait le visiter, on pigeait dans l'un des sacs et on en lisait quelques-unes à voix haute. C'est l'un des derniers souvenirs que j'ai gardés d'Olivier: il était heureux...

Encore une fois, je crois que je m'explique mal. Par l'entremise de ces lettres, c'est comme si Olivier avait retrouvé son public, et c'est ce qu'il faut comprendre: lorsqu'il était avec son public, Olivier était toujours heureux.

Je me rappelle ces samedis soir où l'on présentait deux spectacles d'affilée au Théâtre des Variétés, l'un à huit heures et l'autre à minuit. Comme Olivier passait toujours en vedette, son tour n'arrivait jamais avant deux heures du matin. Alors souvent, avant de monter sur scène, il me disait:

— Gilles, si ça te dérange pas, je vais couper un peu ce soir.

Quand on pense que c'était souvent la même journée où l'on avait enregistré les cinq émissions du *Capitaine Bonhomme,* on peut comprendre qu'il était fatigué. Donc c'est bien sûr qu'il aurait pu couper. Il ne l'a jamais fait, jamais. Il le disait et il le pensait peut-être en montant les escaliers mais dès que le rideau montait, dès que les spots s'allumaient, dès que les gens commençaient à rire, il oubliait tout. Il oubliait sa fatigue. Il oubliait sa journée. Il oubliait de couper.

Voilà ce que je voulais dire. Olivier a subi sa large part d'épreuves, il n'a pas eu la vie facile. Mais cette vie bien trop courte, il en aura passé une grande partie dans le bonheur le plus complet: sur scène.

Georges Guétary

Ce dont j'ai surtout parlé jusqu'ici, c'est de ce que j'appelle, moi, la belle époque du Théâtre des Variétés. Ce sont les quatre ou cinq premières années durant lesquelles tout se passait dans la plus pure tradition du burlesque, avec les variétés dans le premier acte et la grande comédie dans le second. C'est l'époque où l'on changeait de programme chaque lundi, où rien n'était écrit, où toutes les pièces étaient montées de mémoire et jouées dans le style *ad lib*.

Durant les années soixante-dix, petit à petit, au fur et à mesure que le personnel changeait, la formule a changé aussi. Déjà au début des années soixante-dix, M. Grimaldi avait quitté le Théâtre des Variétés. Puis Olivier Guimond est décédé... Puis sont morts tour à tour la plupart des vieux comiques qui ne jouaient pas dans les grandes comédies mais qui, à l'instar de ceux qui accompagnaient Mickey Rooney dans *Sugar Babies*, venaient faire leur numéro, leur *bit*, durant le premier acte. Je pense à Teddy Burns-Goulet dont j'ai parlé plus tôt, à Wildor, à Charlie Beauchamp, pour qui le Théâtre des Variétés avait représenté une dernière chance de monter sur les planches.

Donc plus le temps passait, moins il y avait d'acteurs connaissant le répertoire et capables d'improviser et plus il fallait donner du texte aux nouveaux comédiens. Alors tout en m'inspirant du répertoire, en y puisant des scènes et des situations typiquement burlesques, je me suis mis à écrire des pièces, des revues et des comédies musicales. À peu près au même moment, soit au début des années soixante-dix, on a laissé tomber la première partie consacrée aux numéros de variétés et les spectacles, au lieu de disparaître au bout d'une semaine, ont tenu l'affiche d'abord pendant deux semaines, puis un mois, puis trois mois d'affilée.

Raconté comme ça, tout d'un trait, je vois bien que c'est un énorme changement. Quand on pense qu'en 1967, j'étais le seul à ne pas connaître le répertoire; et maintenant, trente ans après, si on voulait monter *Le Vieux Garçon enragé* ou *Le Bonhomme Beausoleil*, je serais le seul à savoir de quoi je parle...

Mais sur le coup, quand les choses commencent à changer, on ne s'en rend pas compte. D'ailleurs la toute première fois que j'ai pris la plume, c'était pour Olivier Guimond. La pièce s'appelait *Le Lit de la grand-mère* et les acteurs (Olivier, Denis Drouin et Manda, entre autres) avaient joué mon texte comme s'il s'agissait d'une pièce de répertoire montée par Olivier: ils en avaient fait du Guimond, et c'est exactement ce que je voulais. De même, quand j'ai monté *Sans blague* en 1972-1973, il y avait encore dans la distribution des gens comme Manda, Paul Desmarteaux, Fernand Gignac et Paul Thériault. Si la transition s'est faite en douceur d'une époque à l'autre, c'est grâce à eux. Comme M. Grimaldi au tout début, c'étaient eux qui faisaient le lien entre le passé, le présent et l'avenir.

Sans blague, la comédie musicale que j'ai écrite pour Georges Guétary, est aussi le premier spectacle qui a tenu l'affiche pendant plus d'une semaine au Théâtre des Variétés. Au début des années soixante-dix, Guétary était encore une très, très grande vedette. Chez nous, lors de son premier passage, il avait remporté un tel succès qu'il avait fallu refuser du monde aux guichets. Alors on s'était dit que, la prochaine fois, il faudrait absolument trouver une façon de le garder plus longtemps. C'est ainsi que j'ai eu l'idée d'écrire une pièce à l'intérieur de laquelle il pourrait faire une partie de son tour de chant, qui serait aussi une pièce burlesque et qui risquait d'avoir une plus longue vie que nos spectacles habituels.

Quand je lui ai parlé de ce projet, Georges a tout de suite accepté. D'abord il me connaissait, il connaissait le style de la maison et il savait un peu à quoi s'attendre. Il faut dire aussi que Georges avait longtemps travaillé avec Bourvil, puis avec Jean Richard. C'était donc quelqu'un qui aimait la comédie et la compagnie des comiques. À ce moment-là, il n'y avait encore rien d'écrit; alors j'ai commencé par fixer les dates, puis j'ai écrit la pièce et enfin Georges est arrivé à Montréal à la date prévue pour les premières répétitions...

À son arrivée, je dois dire qu'il était dans les meilleures dispositions. Après avoir lu la pièce une première fois, il était ravi puisqu'elle faisait une large place aux chansons et c'était tout à fait ce dont on avait convenu. Là où les choses se sont gâtées, façon de parler, c'est quand il a su qu'on n'avait qu'une semaine pour monter tout le spectacle. Il me traitait d'assassin: «Assassin! Assassin!» C'est le mot qui revenait le plus souvent dans sa conversation, «assassin»...

Ce qui l'inquiétait surtout, bien entendu, c'était tout le texte qu'il aurait à mémoriser en si peu de temps. J'avais beau lui dire de ne pas s'en faire avec le texte — que c'était moins un texte, dans le fond, qu'un *prétexte* — et qu'en cas de pépin, de toute façon, on serait tous là pour le sortir d'embarras, il ne comprenait pas.

— Et si j'ai un blanc? Tu t'imagines? Il va y avoir de longs silences... Je vais avoir l'air d'un con... Une semaine pour répéter, non mais t'es fou ou quoi? Tu veux ma mort? Assassin!

Dans la semaine qui a suivi, on ne peut pas dire que Georges Guétary n'a pas travaillé fort pour tout mémoriser. Chaque jour, à son hôtel, dans sa loge, en taxi, au restaurant, il lisait et relisait son texte en tâchant d'apprendre non seulement son propre rôle mais toutes les répliques de Manda, de Desmarteaux, de Gignac, etc., pour être bien certain qu'il ne serait jamais pris au dépourvu.

Mais Georges n'était pas fou. Il savait très bien qu'il passerait beaucoup mieux en chansons qu'en comédie. Alors quand il arrivait au théâtre pour les répétitions, il consacrait toute son énergie et tout son temps à la partie musicale. Si les répétitions duraient de midi à minuit, par exemple, il était sur scène avec l'orchestre de midi à onze heures. Je lui disais:

— Écoute, Georges, laisse-moi au moins une heure par jour. On a tout le reste du show à monter, nous autres...

— D'accord, une heure mais pas plus.

Il est vrai qu'en temps normal, Georges Guétary était si perfectionniste qu'il aurait mis une semaine pour répéter un seul couplet de chanson. Alors que pour nous, qui avions l'habitude de monter les grandes comédies en quinze ou vingt minutes, une semaine de répétition, c'était presque trop...

Toujours est-il que dans l'heure ou la demi-heure par jour durant laquelle on pouvait répéter la pièce elle-même, Georges était complètement dépassé. Tout allait beaucoup trop vite pour lui. Naturellement, c'était un cercle vicieux: plus il avait peur de se casser la gueule dans la comédie, plus il sentait le besoin d'exceller dans la partie musicale et plus il répétait ses chansons; mais plus il passait de temps avec l'orchestre, moins il lui en restait pour répéter la pièce et plus il avait peur de se casser la gueule... Bref, plus la semaine avançait, plus la date de la première approchait, plus il était affolé et plus il m'accusait de vouloir l'assassiner...

Sans blague raconte l'histoire d'une famille typiquement québécoise dans laquelle Georges Guétary, jouant son propre rôle, débarque un beau jour comme un cheveu sur la soupe. Mis à part l'accent, qu'il a bien du mal à comprendre, le pauvre Georges est complètement dépaysé par les coutumes. (Ce qui, à bien y penser, n'était pas loin de la vérité!) Quant à la partie chantée, elle est intégrée à l'histoire puisque le deuxième acte commence avec le récital de Georges Guétary, récital auquel toute la famille assiste, assise dans la salle avec les autres spectateurs.

Dans sa toute première scène, Georges rencontre la mère et le père, qui étaient joués par Manda et Paul Desmarteaux. Après les politesses d'usage, comme la mère est une femme accueillante, elle insiste pour le garder à dîner. Elle lui dit, par exemple:

— Assoyez-vous, assoyez-vous, Monsieur Guétary. Prendriez-vous un petit sandwich?

Et Georges de répondre:

— Je veux bien, madame. Avec de la moutarde, s'il vous plaît.

Enfin, ce n'est qu'un exemple mais vous voyez ce que je veux dire. Si les répliques étaient écrites de telle façon, avec tel ou tel mot, c'est toujours ainsi qu'on les avait répétées. Mais si Manda et Paul Desmarteaux étaient très capables de lire leurs répliques lors des répétitions, on ne pouvait pas leur demander de s'en tenir strictement au texte lors des représentations. Leur demander de ne pas improviser, ç'aurait été aussi bête sinon plus que de demander à Guétary de sortir de son rôle, lui qui avait déjà assez de misère à y entrer...

Alors dès le premier soir, dès la première scène, quand son personnage rencontre les membres de la famille, Georges a senti que quelque chose n'allait pas. Ce qu'il entendait là, il ne l'avait jamais, jamais entendu. Il avait beau fouiller dans sa mémoire, ce n'était écrit nulle part. Au moment de lui offrir un sandwich, au lieu de suivre le script, la mère et le père ont commencé à se disputer:

Manda: Assisez-vous, assisez-vous, Monsieur Guétary... Mais qu'est-ce tu fais là, toi le père? Reste pas planté là comme une image. Va chercher de quoi faire à manger. C'est pas n'importe qui, ce monsieur-là...

Desmarteaux: Une minute, une minute... Laisse faire tes sandwichs, la mère. D'abord on va prendre une p'tite shot pis on mangera après, hein Monsieur Guétary? Une p'tite shot?

Alors là, Georges était complètement désemparé! Vous pensez bien qu'«une petite shot», il ne savait pas ce que c'était: il n'avait jamais entendu ça de sa vie. Et son «merci Madame, avec de la moutarde s'il vous plaît», qu'il avait sur le bout de la langue, il ne voyait pas le jour où il pourrait le placer!

Mais il a vite compris qu'il n'avait pas à paniquer. Après que Manda et Desmarteaux eurent fait leur numéro, Manda est revenue le chercher où elle l'avait laissé:

— Bon, Monsieur Guétary. Je vous le fais votre sandwich?

Et même si, à ce moment-là, sa fameuse phrase, il l'avait complètement oubliée, il n'y avait pas plus de danger. Manda répliquait immédiatement avec quelque chose du genre:

— Avec de la moutarde, peut-être? Je sais que les Français aiment ben ça, de la moutarde...

Georges s'est donc rendu compte que même s'il avait un trou de mémoire, même s'il figeait complètement, ce ne serait pas la catastrophe. La pièce ne tomberait pas et le public ne s'en apercevrait même pas parce qu'il y aurait toujours quelqu'un pour lui rappeler son texte. Il a compris qu'il était dans un environnement où il était absolument impossible de se casser la gueule, et il a commencé à s'amuser. C'est d'ailleurs après l'une des représentations de *Sans blague* que Georges Guétary a formulé ce qui d'après moi est l'un des plus beaux compliments qu'on ait jamais fait à notre Manda nationale:

— Quand Manda Parent entre en scène, dit Georges, la scène penche de son côté.

Bien que *Sans blague* ait remporté beaucoup de succès, la pièce n'a tenu l'affiche que deux semaines. Elle aurait pu tenir deux mois mais il aurait fallu chambarder toute la programmation. Cependant, comme cette première expérience avait été concluante, on l'a tout de suite répétée avec une autre comédie musicale, écrite elle aussi pour Georges Guétary, qui s'appelait *Deux filles pas comme les autres* et dont on a fait une centaine de représentations. À ce moment-là, on peut dire que la roue s'était mise à tourner et j'ai dû écrire, depuis, une dizaine de comédies musicales pour Fernand Gignac, Pierre Lalonde, Michèle Richard et d'autres vedettes de chez nous.

Quant à Georges Guétary, il faut croire que l'expérience ne l'avait pas trop traumatisé puisqu'il est revenu volontiers pour jouer et chanter dans plusieurs comédies, dont *La Course au mariage* qui fut jouée cent cinquante fois, et qu'il a même choisi le Théâtre des Variétés pour faire ses adieux au public québécois... plusieurs fois.

Balconville, P.Q.

Dans *Balconville,* qui est l'une des premières comédies que j'ai écrites, le deuxième acte se déroule dans un quartier populaire de Montréal, plus précisément dans l'arrière-cour d'une maison de deux étages comme il en existe encore plusieurs: deux longues galeries ornent l'arrière de la bâtisse, une au premier, une au second, et un escalier en bois permet d'accéder à celle du haut.

Je ne vous raconterai pas toute la pièce, car je veux surtout en venir à l'histoire de la glacière. Disons simplement qu'au début du deuxième acte, mon personnage, qui est veilleur de nuit, arrive de travailler. Il est fatigué, il veut dormir, mais comme il fait trop chaud pour rester à l'intérieur, il s'étend dans un hamac installé sur le balcon du deuxième. Et tout le deuxième acte consiste à l'empêcher de dormir par toutes sortes de moyens.

À une époque pas si lointaine dont plusieurs se souviendront, époque qui est aussi celle de la pièce, on utilisait une glacière pour conserver les aliments et la glace était vendue par des marchands itinérants qui passaient dans les ruelles en annonçant bien fort le produit qu'ils avaient à vendre. Les vendeurs de glace avaient aussi des pinces faites exprès pour transporter les blocs mais dans *Balconville,* justement, le vendeur refuse de faire la livraison. Alors c'est moi, à un moment donné, qui dois gravir les escaliers avec dans les bras cet énorme bloc de glace que j'irai déposer dans la glacière qui se trouve — bien en évidence sur le balcon du deuxième.

Pour un comique, c'est l'occasion d'un beau jeu de scène car en plus d'avoir déjà eu bien de la difficulté à monter les escaliers avec ce bloc glissant et froid dans les bras, une fois rendu en haut il faut ouvrir la glacière d'une main en tenant la glace de l'autre... Enfin, pensez bien que le bloc me glisse des mains plus d'une fois, tombe par terre, redescend l'escalier et tout est à recommencer depuis le début. Croyez-moi, ce numéro a fait ses preuves dans *Balconville* et provoqué bien des rires.

Ce que le public ignore, heureusement, c'est que ce même numéro est un véritable enfer pour celui qui doit le jouer. Chaque fois que le sapré morceau de glace me glissait des bras, il me tombait sur une jambe, sur un pied, sur le tibia ou sur le genou. Or comme il faut toujours trouver de nouvelles façons de l'échapper pour susciter de nouveaux rires, en plein milieu des escaliers, en bas, en haut des marches, etc., on multiplie les occasions de se blesser.

Depuis vingt ans, j'ai joué *Balconville* je ne sais plus combien de centaines de fois avec des distributions différentes et je crois bien que de toutes les pièces que j'ai écrites, et même de toutes celles que j'ai jouées, c'est celle que j'ai eu le plus de plaisir à jouer. Et pourtant, puisque la pièce était présentée chaque fois pour des périodes de trois mois, je me retrouvais toujours soit avec une jambe plus grosse que l'autre, soit avec de l'œdème, et j'avais souvent beaucoup de difficulté à marcher.

Un jour, inquiet, j'ai décidé d'aller consulter un médecin. Il a examiné ma jambe sous tous les angles. C'était vraiment très, très enflé. Puis il a rendu son verdict:

— C'est rien... Mettez donc de la glace, ça va passer!

Le fantôme des Variétés

Si la formule a beaucoup changé depuis les toutes premières années du Théâtre des Variétés, j'ose croire que l'esprit qui l'anime n'a pas changé. C'est un théâtre qui s'était donné pour but de faire rire et qui prend toujours ce but très au sérieux.

Recevoir des gens au théâtre, c'est comme recevoir de la visite. Qu'ils viennent de très loin par autobus nolisés ou qu'ils arrivent à pied de la rue d'à côté, quand les gens passent aux guichets du théâtre, ils deviennent nos invités. Ils nous font l'honneur de nous confier leur soirée; ils nous font confiance et il ne faut pas les décevoir.

Avant, on pouvait monter une pièce d'une heure et demie en quinze ou vingt minutes. Maintenant, il faut se préparer des semaines et des semaines à l'avance. Il faut concevoir des décors, des costumes, des éclairages, etc., et comme il n'y a plus que moi qui improvise, il faut que les acteurs aient amplement le temps de répéter leur texte. Lorsqu'il s'agit d'une comédie musicale, c'est encore plus compliqué. En plus de tout le reste, il faut écrire des chansons. Il faut que quelqu'un comme moi, qui en a fait quelques-unes, ou comme Monique

Saint-Onge, qui en a écrit plus d'une centaine, écrive les paroles; et il faut qu'un compositeur comme Vic Vogel écrive les musiques. Ensuite il faut qu'un chef d'orchestre comme Jacques André ou Claude Rogen conçoive les arrangements; il faut aussi que les musiciens puissent répéter et il faut que tout le monde, au bout du compte, soit sur la même longueur d'ondes. En d'autres mots, il faut être prêt à recevoir la visite.

Cela dit, quand les gens viennent passer une soirée au Théâtre des Variétés, ils viennent pour s'amuser et ils s'attendent à ce que les comédiens s'amusent aussi. Si tout est réglé au quart de tour, si la formule est trop rigide, alors on ne s'amuse plus et comment voulez-vous qu'on puisse amuser les gens? Je me souviens, au temps où le frère de Paul Desmarteaux était notre régisseur, qu'il arrivait parfois que les spectateurs voient une paire de souliers glisser lentement des coulisses vers la scène. C'était le vieux Désiré qui assistait à la pièce assis sur une chaise en coulisses et qui venait de s'endormir... Comme le public était composé en grande partie d'habitués, les gens savaient très bien ce qui se passait et c'était aussi drôle pour eux que pour nous.

Je me souviens aussi de la fameuse tempête de neige du mois de mars 1971. Ce jour-là, durant l'après-midi, Manda et moi devions faire une émission à Télé-Métropole, après quoi nous avions prévu de nous rendre ensemble au théâtre pour le spectacle du soir. Quand nous sommes sortis de Télé-Métropole, vers cinq heures et demie, la tempête battait son plein. Toute la ville était paralysée. Avec Richard, le régisseur, nous avons fait un bout de chemin en voiture mais on avançait vraiment à pas de tortue. Après un certain temps, j'ai décidé de poursuivre à pied. J'ai dit à Richard:

— Prends soin de Manda. Moi je vais monter à pied. C'est tout ce qu'il y a à faire.

J'avoue qu'en chemin, je me disais: «C'est niaiseux... Avec une tempête comme ça, y aura sûrement pas un chat au théâtre!» Je me trompais drôlement. Quand je suis arrivé, vers huit heures moins quart, il y avait déjà deux ou trois cents personnes. Parmi les gens de la troupe, par contre, c'est vrai qu'il n'y avait pas un chat. Pas d'acteurs, pas de musiciens, pas d'éclairagistes, pas de machinistes, personne. Je savais bien que plusieurs des personnes assises dans la salle étaient sans doute entrées uniquement pour s'abriter de la tempête, mais peu importe: elles étaient là. Alors je me suis dit, *«the show must go on»*, et à huit heures et quart, comme si de rien n'était, avec à peine un petit quart d'heure de retard, le spectacle a commencé!

Heureusement, parmi ces spectateurs plus ou moins involontaires, plus ou moins captifs, il y avait André Morin, mon vieil ami du collège Cordeau. Il s'est installé au piano et nous a joué un morceau en guise d'ouverture musicale. Puis je me suis amené sur scène et j'ai expliqué aux gens que s'ils voulaient bien m'écouter, en l'absence des autres acteurs, j'allais leur raconter des histoires... Et c'est ce que j'ai fait! Je leur ai raconté des blagues tant et aussi longtemps que j'ai été seul. Puis les autres acteurs sont arrivés. Un par un, ils se joignaient à moi et c'est ainsi que le party a commencé à prendre forme, petit à petit.

Quand un chanteur est arrivé, André l'a accompagné au piano pour son numéro. À un moment donné, César et les Romains, qui étaient les vedettes invitées, nous ont téléphoné. Leur voiture s'était embourbée quelque part dans un fossé. Mais ils sont quand même arrivés vers une heure du matin et les gens étaient encore là pour les applaudir. En fin de compte ç'a été un énorme happening qui a duré jusqu'à deux ou trois heures du matin.

Cet esprit-là n'a pas changé et il ne doit pas changer. C'est l'esprit de la fête et il faut qu'une soirée au Théâtre des Variétés soit une fête pour tous ceux qui y participent, spectateurs autant qu'acteurs. Il faut que le plaisir soit contagieux et qu'il se communique de la salle vers la scène.

Au théâtre, il y a un tour qu'on aime bien jouer aux comédiens et comédiennes qui font leurs débuts dans la troupe. Pour leur tout premier rôle, on installe un faux cadre sur le mur du fond et on demande à l'acteur en question de se placer derrière de sorte qu'on puisse le voir de la taille à la tête. C'est le portrait d'un ancêtre et l'acteur ne doit pas bouger. C'est son rôle. Il fait le portrait!

Si jamais on vous offre ce rôle, je vous conseille de refuser car pendant que vous serez forcé de rester là sans bouger, face au public, tous ceux qui passeront derrière le décor en profiteront pour vous botter le derrière, pour vous tripoter ou vous déculotter. Voilà, maintenant vous êtes prévenu. (D'ailleurs, il n'y a pas qu'aux Variétés et dans les théâtres burlesques où les comédiens se jouent des tours pareils. Alors vous êtes doublement prévenu...) Mais si, après un coup comme celui-là, vous êtes encore capable de rire des autres et de vous-même, alors vous avez le genre d'esprit qui convient au Théâtre des Variétés. Parce que la seule chose qu'on ne doit jamais prendre au sérieux, c'est soi-même...

Pierre Jean est en plein ce genre de gars qui ne se prend pas au sérieux bien qu'il ait tous les talents. Dans une revue comique, c'est l'artiste idéal puisqu'il peut vraiment tout faire: chanter, jouer la comédie, faire des parodies et des imitations. Arrivé à Montréal en 1968, il a aussitôt fait ses débuts au Théâtre des Variétés et je crois qu'il n'y a pas une année depuis où il n'a pas fait partie d'au moins l'une ou l'autre de nos productions. En raison de son talent et de sa polyvalence, c'est peut-être l'artiste qu'on a vu le plus souvent au Théâtre des Variétés. Que ce soit dans une revue de Guilda ou dans l'une des miennes, dans une pièce ou dans une comédie musicale, il y a toujours un rôle, une scène, un sketch, une chanson pour Pierre Jean. À tel point que, le temps passant, à force de le voir apparaître à tout bout de champ sur la scène et dans les coulisses du théâtre, j'ai fini par considérer Pierre Jean comme une sorte de fantôme: non pas le fantôme de l'Opéra mais le fantôme des Variétés.

Quoi qu'il en soit, fantôme ou pas, Pierre Jean est toujours là quand il s'agit de jouer un bon tour à quelqu'un. Dans la pièce *À Miami,* dont Pierre faisait partie, il y a une scène dans laquelle je dois servir un repas chinois à Andrée Boucher et Jean-Louis Millette. À l'aide du chariot d'une desserte, j'apporte tous les plats sur scène, les uns après les autres, plats que je rapporte ensuite en coulisses. Je fais ainsi tous les services jusqu'au dessert, lequel, pour les besoins de la comédie, est recouvert d'une cloche.

Pierre Jean ne jouait pas dans cette scène mais le soir de la dernière représentation, juste avant que j'apporte le dessert, il crut avoir une bonne idée.

— Je vais m'installer dans le bas du chariot, dit-il. Je vais me passer la tête par un trou et on va poser la cloche par-dessus. Ainsi, quand Jean-Louis va soulever la cloche, au lieu du dessert c'est moi qu'il va voir. Le public n'en saura rien mais ça va être toute une surprise pour lui.

Ce qui fut dit fut fait. Pierre Jean s'est glissé sous le chariot, a passé la tête dans le trou et je l'ai amené sur scène. Ensuite, bien sûr, Jean-Louis a sursauté en soulevant la cloche mais le public n'a rien vu. Jusque-là, tout s'était passé comme prévu sauf que Pierre Jean, dans sa naïveté, n'avait pas pensé qu'une fois installé dans le chariot, la tête sortie au-dessus de la table, lui-même pouvait devenir une victime. Il était à ma merci... Quant au public, vous pensez bien que je n'allais pas le priver d'une si belle scène! Alors j'ai retiré la cloche et tout ce qui restait du lunch lui est tombé sur la tête: les breuvages, les mets chinois, les œufs. Bien pris qui croyait prendre!

Je me rappelle encore de la dernière représentation de *Symphorien* au Théâtre des Variétés. Pierre Jean, qui débutait le lendemain dans une revue de Guilda, était resté dans les coulisses pour voir cette pièce écrite par Marcel Gamache et dans laquelle Symphorien, convaincu que sa femme le trompe, prend un coup.

Il y a une scène, entre autres, où Denis Drouin le fait boire en lui versant verre après verre. Bien sûr, en temps normal on ne boit jamais que de l'eau mais ce soir-là, comme c'était la dernière, Denis Drouin avait décidé de me jouer un tour et c'est avec une vraie bouteille de vodka qu'il s'est amené sur scène. Même si je m'en suis rendu compte dès la première gorgée, ça ne réglait pas mon problème. En peu de temps, selon le scénario, Symphorien devait être complètement saoul. Or, comment faire croire qu'il est saoul si le public ne l'a vu boire qu'une petite gorgée, et encore, en grimaçant? On a beau se jouer des tours, et le public a beau en être plus ou moins complice, il ne faut pas que cela se fasse au détriment de la pièce. Alors tout en avalant péniblement cette première gorgée, j'essayais de trouver un subterfuge qui me permettrait de sauver les apparences sans avoir à boire. C'est ainsi que l'idée m'est venue de faire des fausses sorties, sous prétexte d'aller voir si ma femme n'était pas revenue, sorties durant lesquelles j'aurais le temps de vider mon verre en coulisses.

Mais ici, ce qui n'était qu'un mauvais tour dont je n'aurais eu, finalement, pas trop de difficulté à me dépêtrer, prend une tout autre dimension. Parce que

Pierre Jean est en coulisses, et il me lance à l'instant où je vais vider mon premier verre:

— Donne-moi ça!

Il le boit d'un trait et me le rend. Je retourne sur scène où Denis Drouin m'en verse aussitôt un autre. Nouvelle fausse sortie:

— Attends, je pense que ma femme vient d'arriver. Ce coup-là, je pense que c'est elle...

De retour en coulisses, Pierre Jean prend mon verre et le boit aussi sec. Et ainsi de suite, durant toute la scène. C'était devenu un running gag. Juste pour me faire rire et pour faire rire les gens qui étaient en coulisses, il a dû en boire sept ou huit verres!

N'allez pas croire que Pierre Jean est un ivrogne. Pas du tout. C'est même quelqu'un de très consciencieux qui ne boit jamais quand il travaille. Mais ce soir-là, justement, il ne travaillait pas, et puis c'était pour la bonne cause: pour le gag. N'empêche qu'il ne faudrait pas lui demander comment la pièce se termine ou comment lui-même a fait pour retourner chez lui parce qu'il n'en a pas la moindre idée!

À moins, qui sait, qu'il ait passé la nuit au Théâtre des Variétés? Comme un fantôme.

Tino Rossi

Lorsque j'ai invité Tino Rossi à faire son tour de chant au Théâtre des Variétés, ce n'était plus un débutant. Depuis près de quarante ans, grâce à la chanson et au cinéma, il avait conquis tous les publics du monde. Il était bien plus qu'un chanteur de charme: il était une légende.

Et pourtant, à en juger par les quelques souvenirs que j'ai gardés de lui, on ne dirait pas... D'abord, après quelques coups de téléphone, quand il ne restait plus qu'à régler les détails de l'entente, je suis allé le rencontrer chez lui en compagnie de Michel Legault, le gérant du théâtre.

Tino Rossi habitait à Neuilly, en banlieue de Paris, dans une belle maison, très cossue. Quand nous sommes arrivés, une dame nous a fait entrer, puis Tino Rossi est apparu. Visiblement, il nous attendait. Il nous a fait passer au salon et là, à notre grande surprise, on aurait dit un musée Tino-Rossi. Comme s'il avait besoin de se vendre, comme s'il avait besoin de prouver qu'il avait encore la cote, il avait fait tout un étalage de disques, de posters, de livres, de publicités et de critiques le concernant. Il y en avait sur le piano, sur les étagères, partout!

Pourtant, puisque nous étions là pour l'engager, il n'avait pas besoin de nous vendre quoi que ce soit. Et puis, comme je l'ai dit, c'était déjà une légende...

Tino Rossi est donc venu au Québec avec sa femme Lili et il est resté un mois au Théâtre des Variétés. Chaque soir, avant le spectacle, c'était la même routine. Michel Legault allait les chercher tous les deux à leur hôtel. En arrivant au théâtre, ils entraient par la porte d'en avant et descendaient directement au sous-sol, en direction des loges. Ensuite ils disparaissaient tous deux dans sa loge et n'en sortaient plus jusqu'à cinq minutes avant le spectacle. À ce moment-là, Lili lui tendait son veston, Tino l'enfilait, montait, et son tour de chant pouvait commencer. Lili, pendant ce temps-là, restait dans la loge.

En spectacle, Tino Rossi n'a jamais pris beaucoup d'espace. Il faisait une chanson en plein milieu de la scène. Ensuite il faisait un pas à gauche et chantait une autre chanson. Ensuite deux pas à droite pour la chanson suivante. Trois pieds carrés, c'est tout l'espace dont il avait besoin. Et dès que le récital était terminé, il indiquait au régisseur le nombre de rideaux qu'il prendrait. Il montrait quatre ou cinq doigts, selon la façon dont le public avait réagi ce soir-là, sa chaleur, sa sympathie, et il ne s'est jamais trompé. Il savait tout de suite.

Durant tout le mois qu'il a passé chez nous, sauf pendant trois ou quatre jours de la troisième semaine, ça a été le même rituel: l'hôtel, la loge, le veston, les rideaux. Mais au cours de la troisième semaine, il s'est produit un grand changement: Mme Rossi est tombée malade et a dû rester à l'hôtel.

Alors lorsque Michel Legault passait le prendre, Tino était seul et, franchement, ce n'était plus le même homme. En arrivant au théâtre, il lançait un joyeux «comment ça va?» à la cantonade, puis il saluait longuement les caissières et il s'arrêtait même au restaurant pour conter fleurette aux serveuses. Mme Rossi est restée absente trois ou quatre soirs et on n'avait jamais vu Tino aussi joyeux. Dès qu'elle s'est sentie mieux, par contre, cette belle familiarité a disparu. Les époux Rossi ont repris le même chemin en arrivant au théâtre, le même rituel, et c'était fini.

Cela dit, il ne faut pas croire que Tino Rossi était un homme malheureux. Même quand il était avec sa femme, c'était quelqu'un d'extrêmement gentil. C'est sûr qu'il filait plus rapidement au sous-sol mais il était quand même d'un commerce très agréable. C'était quelqu'un avec qui on pouvait discuter et faire des blagues. Et le plus bizarre — mais dans son cas, ce ne l'est peut-être pas tant que ça — c'est qu'il chantait continuellement. Dans la voiture qui l'amenait au théâtre, dès qu'il y avait une pause dans la conversation, il se mettait à chanter. Il chantonnait à voix basse, tout le temps. Au théâtre, quand on descendait au sous-sol et qu'il était déjà dans sa loge, il suffisait de tendre l'oreille pour entendre Tino chanter.

Tino Rossi est aussi quelqu'un qui avait le sens de l'humour. Durant ses spectacles, il chantait toujours *Le plus beau de tous les tangos du monde* et il avait l'habitude de faire monter une femme qui pouvait danser un peu avec lui — à condition, bien entendu, qu'elle n'essaie pas de sortir de ses trois pieds carrés. Alors un soir, je me suis habillé en femme et c'est moi qui suis monté. Il ne se doutait de rien et il a trouvé la chose très étonnante... et très drôle. Il faut dire que je n'ai pas perturbé sa routine très longtemps. Tout de suite après, j'ai laissé ma place à l'une de ses fans et le spectacle s'est poursuivi comme si de rien n'était.

Mais je l'avais bien eu... Et Tino Rossi, on dira ce qu'on voudra, ce n'est pas tous les jours qu'il se faisait jouer des tours.

Guilda

Je me souviendrai toujours de la toute première revue de Guilda au Théâtre des Variétés. Le soir de la première représentation, à mon grand désespoir, le premier acte s'était terminé à onze heures moins quart. Le spectacle était excellent mais c'était littéralement interminable. Il y avait suffisamment de numéros pour faire deux revues complètes! Au deuxième acte, ce n'était pas mieux: je voyais le temps passer et je pensais aux pauvres chauffeurs d'autobus qui doivent normalement repartir vers onze heures... et qui ont dû attendre, ce soir-là, jusqu'à une heure du matin.

On sait que la pire chose qui puisse arriver à un artiste de music-hall, c'est de se faire couper son numéro. Comme dirait l'autre: «Tu leur coupes une chanson et c'est comme si tu leur coupais un bras.» Alors imaginez quand il faut couper deux heures à l'intérieur de la même revue!

Les revues de Guilda présentées au Théâtre des Variétés sont toujours préparées par trois personnes qui assistent à toutes les réunions: Jean Guilda, John Kelly et moi. Bien sûr, c'est Jean qui décide du ton ou du thème de la revue; c'est lui qui est la grande vedette, alors c'est lui qui choisit les tableaux en fonction de ce qu'il aime et de ce qu'il veut faire. Mais pour le reste, quand vient le temps de faire le casting, puis de monter le spectacle comme tel, on travaille ensemble.

John Kelly est à la fois costumier et décorateur, ce qui est déjà beaucoup, mais il est encore plus que ça. Ancien danseur qui a fait partie des fameuses revues de Olsen et Johnson, sur Broadway, il est devenu un homme de music-hall absolument indispensable. Pas uniquement pour les revues de Guilda, d'ailleurs. Depuis qu'on a cessé de changer de programme toutes les semaines, son nom est associé à la plupart des spectacles présentés au Théâtre des Variétés.

Quant à mon propre rôle dans ses revues, c'est celui qui incombe ordinairement au producteur. C'est-à-dire que je participe à toutes les étapes de la production et que c'est à moi, en cas de litige, qu'il revient de trancher, de prendre les décisions finales.

Tout ça pour dire que lors de cette première revue, quand il a fallu couper deux heures, c'est moi qui tenais les ciseaux. Croyez-moi, j'aurais préféré les refiler à quelqu'un d'autre mais je n'avais pas le choix. Il fallait couper alors j'ai coupé, coupé, et à chaque coupure je voyais les visages s'allonger autour de moi. John Kelly, par exemple, qui avait fait tous les costumes et tous les décors, voyait s'envoler des heures et des heures de travail. Même chose pour Guilda. Même chose pour la chorégraphe, qui à l'époque était Lorna Wayne. Même chose pour le chef d'orchestre, les musiciens, les danseurs, etc. Ils avaient tous d'excellentes raisons d'être en colère. Au bout du compte, c'est le public qui décide. Et quand c'est trop long, on n'y peut rien: il faut couper...

Le croirez-vous? Cette première expérience n'a pas fait de nous des ennemis. Au contraire, depuis le début des années soixante-dix, le Théâtre des Variétés a présenté en moyenne une revue de Guilda par année, chacune tenant l'affiche pendant un, deux ou trois mois et demi d'affilée. Vingt-sept ans! Vingt-sept revues différentes! Ce sont des chiffres, quand on y pense, absolument renversants.

C'est pourquoi, à mon avis, on ne peut pas considérer la carrière de Guilda, son travail, sa longévité, comme s'il s'agissait d'un simple succès de travesti. Guilda, c'est beaucoup plus: c'est un véritable artiste dans le sens où il cherche, par son travail, à exprimer sa propre sensibilité.

C'est aussi un perfectionniste qui ne se contente pas de ressembler vaguement aux femmes qu'il imite. Quand il fait Marylin Monroe ou Brigitte Bardot, il se transforme complètement. Il a même, pour chacune de ces femmes, des dentiers différents qu'il porte par-dessus ses vraies dents et qui ajoutent à la ressemblance.

Il est certain que bien des gens viennent au théâtre uniquement pour s'étonner de voir un homme capable de se transformer en une aussi belle femme. Il est certain aussi que les longues robes blanches couvertes de paillettes étincelantes ont une grande importance dans ses revues. Il faut entendre encore aujourd'hui tous les «oh!» et les «ah!» d'admiration lorsqu'il se met à descendre lentement les marches d'un grand escalier dans une robe de marquise ou de comtesse dont la traîne, une fois déployée, couvre toutes les marches de haut en bas. C'est le genre de truc, croyez-moi, qui fait beaucoup d'effet.

Mais ce n'est qu'un truc, justement, et c'est un effet qui passe rapidement. S'il n'y avait eu que ça dans les revues de Guilda, les gens se seraient vite lassés. Or les gens ne se lassent pas. Je dirais même qu'ils sont encore plus fascinés... D'autant plus qu'à l'étonnement de voir Guilda se transformer en femme s'ajoute maintenant celui de le voir paraître aussi jeune. Bien sûr, il met plus de temps qu'avant à se préparer. Au début, il commençait à se maquiller en arrivant au théâtre et il lui fallait une heure pour être fin prêt à monter sur scène. Maintenant, il commence à faire son maquillage chez lui et quand il arrive au théâtre, vers sept heures, il en a déjà un bon bout de fait. Mais peu importe, c'est le résultat qui compte: Guilda, comme ses revues, n'a pas pris une ride.

Cependant je n'ai toujours pas dit ce qui, à mon avis, explique son succès et sa longévité.

Si les revues de Guilda sont faites d'un heureux mélange de danse, de chansons et de comédie, il arrive aussi que Jean y insère des tableaux sérieux. C'était le cas, entre autres, d'un portrait que le célèbre opéra de Puccini, *Madame Butterfly,* lui avait inspiré. Dans ce numéro, accompagné d'un danseur et vêtu d'un cos-

▲
Au cours de la saison 1981-1982, dans *Le Sex-shop*, avec Isabelle Lajeunesse et Jean-Louis Millette.

En 1990, dans *Symphorien, Ephrem et compagnie,* avec Janine Sutto.
▼

◀ Avec Red Skelton.

En compagnie ▶
de notre amie
Rose Ouellette,
de ma conjointe
Suzanne et de
mon fils Olivier.

◀ Avec Jean Guilda et
Roméo Pérusse.

Avec mon neveu
et partenaire de
golf André
Latulippe.
▼

▲
Lors d'un voyage en Écosse
avec Suzanne et Olivier.

◄ En compagnie d'Olivier à
Venise, devant le Pont
des soupirs.

◀ Yvon Deschamps fut l'un de mes premiers partenaires de théâtre.

José Ledoux, responsable de *Antoine*, ma première série à la télévision de Radio-Canada. ▼

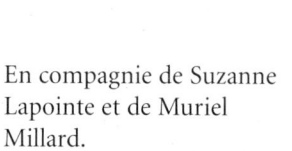

En compagnie de Suzanne Lapointe et de Muriel Millard.
▼

◀ Avec Jean Guilda.

Avec Serge Christiaenssens, Pierre Jean, Jacques Salvail,
Marielle Léveillée et Claire Jacques.
▼

Ma mère et mon
frère Bernard.

◀ En août 1986, sur la tombe de Fernandel.

Suzanne et Olivier.
▼

Avec ma mère et Marcel Gamache, qui fut pour nous un grand ami et un fameux joueur de tours.

tume plus ou moins japonais, Guilda se livrait à un joli pas de deux. C'était vraiment formidable mais il se trouve qu'avant de le présenter au public, on n'avait pas eu le temps de répéter avec les costumes. Donc le soir de la première, Madame Butterfly portait un chapeau orné de petites tiges de fer au bout desquelles étaient fixés des papillons. Quand Guilda s'est mis à danser, les papillons ont commencé à virevolter dans tous les sens... et les gens se sont mis à rire; et plus les papillons dansaient, plus les gens trouvaient ça drôle.

Dans les circonstances, Jean se rendit vite compte qu'il ne pouvait pas espérer réaliser un tableau sérieux. Alors il changea instantanément son jeu et en fit un numéro comique qui devint par la suite le plus drôle de la revue.

Ça, c'est ce que j'appelle avoir le sens de l'humour. Guilda a vraiment tous les talents. Il peut danser, chanter, et c'est quelqu'un qui a un sens du timing extraordinaire. Mais dans ses revues il faut toujours qu'il y ait beaucoup de tableaux où Guilda fait rire. C'est quelqu'un qui aime beaucoup, beaucoup faire rire et voilà ce qui, d'après moi, lui a permis de durer durant toutes ces années.

Mon plus beau rôle?

On me demande souvent quel est ou quels sont mes rôles préférés, quels sont ceux que j'ai eu le plus de plaisir à jouer ou qui m'ont le plus marqué. C'est une question difficile parce que je sais très bien à quoi les gens s'attendent de ma part, comme acteur, et je ne voudrais pas les décevoir. Depuis plus de trente-cinq ans qu'ils me voient au théâtre, au cinéma et à la télévision dans des comédies où je joue presque toujours le même type de gars, disons le gars un peu niaiseux, à quoi d'autre pourraient-ils s'attendre? J'ai tellement joué les niais qu'au bout d'un certain temps, chaque fois qu'on m'appelait pour un rôle, c'est moi qui prenais les devants. Avant qu'on me décrive le personnage, je disais: «Laissez-moi deviner. Il ne serait pas niaiseux par hasard?»; et la plupart du temps on me disait oui. À la longue, j'aurais pu développer un certain complexe. Mais non... Même ma mère, sentant le besoin de me rassurer, m'a déjà dit: «Tu sais, on rit d'un bouffon mais on rit *avec* un comique.» Moi je dis quelle importance, bouffon ou pas, pourvu qu'au bout du compte le spectateur trouve matière à rire?

Et puis, à la réflexion, il y a bien pire que de jouer les niaiseux. Je me souviens que Lucie Mitchell, par exemple, qui jouait le rôle ingrat de la marâtre dans *Aurore l'enfant martyre*, souffrait beaucoup de la façon dont les gens la percevaient. Dans la vie, il n'y avait pas de femme plus tendre et plus fine qu'elle. Si un chat ou un chien blessé croisait sa route, elle le prenait, le soignait et l'adoptait. Tous ceux qui connaissaient Mme Mitchell l'adoraient alors que dans la rue les gens l'injuriaient parce qu'ils la confondaient avec son personnage.

Tandis que moi, quand les gens m'arrêtent, c'est pour me serrer la main ou bien — et c'est encore ce que je préfère — pour me raconter une histoire: «Hé, Latulippe! Connais-tu l'histoire du gars…?» C'est bien simple: les gens vont toujours préférer ceux qui les font rire à ceux qui les font enrager.

Mon plus beau rôle? Si je trouve cette question si difficile c'est peut-être parce que pour moi, dans le fond, elle ne se pose même pas. C'est peut-être parce que les rôles, du moins dans mon cas, ont eu moins d'importance que les rencontres. Et ce qui a le plus compté, ce qui m'a le plus marqué, ce ne sont pas les personnages ni même, à la limite, les rires qu'ils ont suscités: ce sont les gens avec qui j'ai travaillé.

Cré Basile, pour moi, c'est Marcel Gamache, Olivier Guimond, Juliette Huot, Denis Drouin et Amulette Garneau. *Symphorien*, c'est Janine Sutto et Jean-Louis Millette. *Le capitaine Bonhomme*, c'est Michel Noël, Olivier Guimond et Désiré Aerts. *Poivre et Sel*, c'est Gilles Richer et Jean-Louis Paris. Et ainsi de suite. *Les Démons du midi*, c'est Suzanne Lapointe et *Le Cinq à six*, c'est Fernand Gignac.

Pour le Théâtre des Variétés, c'est pareil. Là encore, le plus important, ce ne sont pas les pièces, les comédies musicales ou les revues, ce sont les gens: les artistes, bien sûr, les comédiens, les chanteurs, les chorégraphes, les musiciens et les chefs d'orchestre, etc.; mais ce sont aussi tous les employés du théâtre: les caissières, les gens du restaurant, les gens de la publicité, les comptables, les techniciens, etc.

Si une pièce a du succès, si les gens l'ont aimée et qu'ils applaudissent à la fin d'une représentation, ce n'est pas seulement grâce à moi. C'est grâce à toute la troupe et c'est pourquoi je n'ai jamais voulu saluer tout seul, sans les autres acteurs. Je sais que sans eux, je ne suis rien.

De la même manière, si j'ai pu mener deux carrières de front pendant toutes ces années, au théâtre et à la télévision, c'est parce que le théâtre a toujours été très bien géré. C'est parce que j'avais de bons employés et qu'un homme comme Michel Legault, en qui j'ai parfaitement confiance, était à mes côtés. Le sachant au théâtre, je pouvais faire de la télévision ou encore m'enfermer pendant trois mois pour écrire une pièce, et je savais que les affaires étaient entre bonnes mains.

Tous ceux et celles qui ont travaillé au Théâtre des Variétés connaissent et aiment Michel Legault. C'est un homme juste, dévoué, travailleur. Après chaque représentation, il se tient au pied de l'escalier qui mène de la scène aux loges pour saluer les artistes qui viennent de finir leur spectacle. Le dernier soir, non seulement Michel les salue mais il leur remet leurs cachets. Raison de plus pour l'aimer!

Michel est celui qui appelle les artistes, négocie les contrats, engage le personnel, c'est lui qui s'occupe de la publicité en plus d'être le gérant général du département des plaintes. C'est aussi mon gérant et mon ami.

Vous voyez maintenant pourquoi je n'aurais pas pu parler du Théâtre des Variétés sans parler de Michel Legault... C'est lui qui fait tout le boulot!

Cela dit, plus ce livre avance et plus je me rends compte que je ne pourrai pas parler de tout le monde. Bien sûr, ce n'était pas vraiment mon intention. Je savais bien en commençant qu'il faudrait me limiter à quelques exemples, à quelques anecdotes et à quelques-uns seulement des innombrables artistes qui ont travaillé au Théâtre des Variétés. Et comme j'ai cherché à donner une idée de la façon dont le théâtre a évolué tout en racontant des choses qui pouvaient faire rire, alors forcément, de toutes les anecdotes et de tous les noms que j'avais en tête, il y en a plusieurs qui ne sont pas passés de ma tête à mon bras et de mon bras à ma plume.

Je pense à Paul Berval, entre autres, sur qui je m'en voudrais terriblement de ne pas glisser un mot dans un livre comme celui-ci. J'ai travaillé avec Paul durant plusieurs années à la télévision, au cabaret et aux Variétés, et c'est un gars avec qui j'ai toujours gardé le contact. Malheureusement, depuis quelques années, sa santé ne lui permet plus de travailler mais j'espère qu'un jour on va lui rendre une sorte d'hommage à la mesure de son talent. Je ne le dis pas uniquement parce que c'est un ami. Pour l'invention, l'intelligence, la finesse des jeux de mots, autrement dit pour le comique purement verbal, je pense sincèrement qu'il a été l'un de nos plus grands.

Comment se fait-il qu'on ne parle presque plus de Paul Berval? Il n'est pas le seul, d'ailleurs. Ils sont plusieurs comme lui qui furent de grandes vedettes et dont on ne parle presque plus.

Je pense à Muriel Millard, qui a toujours été pour moi d'une extrême gentillesse et qui est l'une des plus grandes dames de notre show-business. Il fut un temps où toutes les grandes revues musicales à Montréal et dans le Québec tout entier étaient montées par celle qu'on surnommait Miss Music Hall. Muriel avait le don de subjuguer les foules, à tel point qu'il était sage, dans un spectacle de variétés, de ne pas passer après son numéro. Pendant de longues minutes, les gens restaient sous le charme, incapables de porter attention aux artistes qui la suivaient. Pour moi, en tout cas, ce charme ne s'est jamais rompu.

Mais Muriel Millard, il faut dire que je pense à elle chaque jour...: en passant devant le magnifique tableau qu'elle m'a donné et sur lequel, selon sa manière, j'apparais en costume et visage de clown.

Je pense aussi à Nana de Varennes, dont je ne peux pas parler sans raconter l'anecdote qui suit. Excellente comédienne, Mme de Varennes avait aussi exercé, dans le temps, le métier de souffleuse. C'était un métier ingrat dans les meilleures conditions mais dans certains théâtres comme le Gesù, où la souffleuse était à l'étroit, où il y avait des courants d'air froid qui vous gelaient sur place, cela devenait carrément insupportable. Aussi, après avoir fait l'expérience du Gesù, quand on lui demanda de revenir y travailler comme souffleuse, Mme de Varennes commença par refuser. Comme elle le disait elle-même:

— C'est tout petit là-dedans, on gèle et puis après on n'est plus capable d'en sortir.

Toutefois, on lui fit sentir qu'on avait besoin d'elle et elle finit par accepter à la seule condition qu'on ne la laisse pas dans le trou du souffleur durant l'intermission. Ce que, bien sûr, on lui promit... mais à l'intermission, le soir de la première, on l'oublia. Mme de Varennes n'apprécia pas du tout. Pour tout vous dire, elle était en beau maudit et, quand la pièce fut terminée, elle eut ce mot mémorable:

— C'est la dernière fois que je souffle dans le trou du Gesù!

Enfin je pense à tous ceux qui sont morts. Les acteurs, les chanteurs, les amis, les proches, les employés, les musiciens. À un moment donné, on reçoit un coup de téléphone: Untel est malade, il ne peut pas rentrer... Alors on le remplace pour la soirée en espérant qu'il sera vite rétabli mais le lendemain les nouvelles ne sont pas meilleures. Et le surlendemain, ou bien la semaine, le mois suivant, on apprend qu'il est mort. Dans la vie d'un théâtre, ce sont des moments extrêmement pénibles, des moments qu'on ne peut pas oublier. On se dit que la vie continue. *The show must go on*. Sauf qu'on a le cœur brisé...

Je me souviens que La Poune travaillait au Théâtre des Variétés le jour où l'une de ses grandes amies, Gertrude, qui était aussi sa gérante depuis une quarantaine d'années, est décédée. En coulisses, Rose pleurait à chaudes larmes dans les bras de Suzanne Lapointe mais dès qu'elle remontait sur scène plus rien n'y paraissait. Elle faisait son numéro, sortait de scène, et les gens n'avaient pas fini de rire qu'elle retombait dans les bras de Suzanne et se remettait à pleurer. La peine qu'elle avait!... Cependant il n'a jamais été question de la remplacer ou d'annuler le spectacle. Elle n'aurait pas voulu en entendre parler.

Émile Ti-Rouge Manseau était saxophoniste. Il travaillait chez nous depuis les tout débuts et c'est souvent lui, avec la chef d'orchestre Huguette Saint-Louis, qui faisait les arrangements pour les chanteurs, les chanteuses et tous les numéros de variétés qui faisaient partie du premier acte. Ti-Rouge, il faut dire que c'était aussi ma tête de Turc préférée, de sorte que le public connaissait son nom aussi bien que les téléspectateurs des *Démons du midi* pouvaient connaître celui de Cyrille Beaulieu, par exemple. Et comme Ti-Rouge riait aussi fort et d'aussi bon cœur que Suzanne Lapointe, sa présence dans la fosse d'orchestre ne passait pas inaperçue.

Quand Ti-Rouge est mort, c'était le 24 décembre. Le spectacle commençait à huit heures et à sept heures

— lui qui avait l'habitude d'arriver deux ou trois heures à l'avance — il n'était pas encore arrivé. Comme c'était la veille de Noël, on ne s'est pas trop inquiétés, on s'est dit qu'il avait dû faire des visites ou recevoir des gens, mais à sept heures et demie, quand on a vu qu'il n'arrivait toujours pas, on s'est rendus chez lui et on l'a trouvé mort dans son fauteuil.

Comment voulez-vous qu'on puisse travailler une journée pareille? Remonter sur scène, refaire le même spectacle et voir, dans la fosse d'orchestre, sa chaise vide? Vous n'avez pas idée du coup que ça m'a fait. Mais il fallait jouer, et il fallait que le public ne s'aperçoive de rien...

Roger Picard était un beau brummel aux cheveux gris, gentleman jusqu'au bout des ongles et un peu chanteur de pommes... pour le plus grand plaisir de ces dames. C'était aussi un ami personnel et le premier gérant du Théâtre des Variétés.

Ce bonhomme extraordinaire envoyait des fleurs aux amies, aux caissières, à Suzanne, à toutes les femmes que je connaissais et il envoyait toutes ces fleurs de ma part, à mon insu. Vous imaginez mon étonnement quand on m'en remerciait et la gratitude que j'en suis venu à cultiver pour un homme aussi délicat et bien intentionné.

Charmeur, séducteur, chanteur de pommes? Dans ce domaine, Roger Picard était passé maître. Pour tout vous dire, au salon funéraire, trois femmes sont venues me dire la même chose et dans les mêmes mots:

— Et dire qu'on devait se marier!

M. Picard est mort subitement, dans le petit bureau avec fenêtre qui est situé à l'arrière de la salle, en entrant. Il avait commencé à faire un chèque et il s'est effondré après avoir écrit le prénom... Encore aujourd'hui, quand je suis sur scène et qu'il y a de la lumière dans la fenêtre de son petit bureau, j'ai une pensée de reconnaissance qui monte vers lui.

Je pourrais continuer comme ça pendant des pages et des pages. D'abord Olivier est mort. Ensuite Denis Drouin. Ensuite Paul Desmarteaux, Charlie Beauchamp, Manda, Paul Thériault, Michel Noël, Wildor et Bozo. Mais je ne vais pas tous les nommer. La liste serait bien trop longue.

De toute façon, ce n'est pas parce qu'on ne nomme pas quelqu'un qu'on l'oublie. On n'oublie jamais ceux qu'on a aimés.

Combien de temps encore vais-je conserver le Théâtre des Variétés? Je ne sais pas, mais il se peut que le directeur en moi cède bientôt toute la place à l'acteur et à l'auteur. Trente ans à la direction d'un théâtre — un théâtre non subventionné par-dessus le marché — c'est beaucoup. C'est beaucoup plus, en tout cas, que je n'en espérais au départ et je n'ai aucun regret. Quoi qu'il arrive, l'aventure aura été belle du début à la fin.

Cela dit, je n'ai pas du tout l'intention de prendre ma retraite. La retraite, c'est bien quand cela vous permet de faire quelque chose qui vous a toujours tenté, dont vous rêviez et qu'il vous était impossible de faire jusque-là. Mais quand on fait ce qu'on a toujours voulu faire, quand on fait ce qu'on aime le plus au monde, pourquoi prendre sa retraite? Pour faire quelque chose qu'on aime moins?...

Quant au Théâtre des Variétés, pour le moment il est encore bien vivant. J'y joue peut-être moins qu'avant depuis que j'ai pris l'habitude de partir en tournée chaque année à travers la province, au Nouveau-Brunswick et même en Ontario. Depuis quelques années, je fais aussi du théâtre d'été au Centre culturel de Drummondville — où l'on est si bien accueilli, soit dit en passant, par le directeur Roland Janelle et son assistante Claire Lahaie, qu'on se croirait en vacances.

Mais c'est encore et toujours au Théâtre des Variétés que je me sens le plus chez moi. C'est là que j'ai joué mes plus beaux rôles, que j'ai fait et que je fais encore mes plus belles rencontres. Je pense bien sûr à ceux qui forment ma nouvelle troupe et dont j'ai malheureusement trop peu parlé dans ce livre consacré au passé. Je pense à Marie Codebecq, et à Marielle Léveillé, entre autres. Je pense à Serge Christiaenssens, que je connais depuis quelques années et avec qui j'ai eu le temps de développer une belle complicité. Je pense à Claire Jacques, une jeune comique que j'aime beaucoup et qui me rappelle Manda. Je pense à Jacques Salvail, un gars formidable qu'on connaît surtout comme chanteur mais qui est aussi un excellent comédien.

Je pense aussi à tous les acteurs de formation classique qui sont peu familiers ou pas du tout avec les us et coutumes du théâtre burlesque et qui me font l'honneur de bien vouloir jouer au Théâtre des Variétés. Je me souviens encore comme d'un grand moment de la première fois où Jean-Louis Millette a joué dans l'une de mes pièces. Parce que Jean-Louis est un acteur extraordinaire, qui a un grand respect des auteurs et qui a l'habitude de s'en tenir rigoureusement au texte. D'ailleurs moi aussi, durant les répétitions, j'ai un grand respect pour le texte... Mais le soir de la première, dès que le rideau s'est ouvert, je me suis mis à improviser, à interpeller les spectateurs: «Et vous, M'ame Chose, ça va comme vous voulez?» Je voyais bien que le pauvre Jean-Louis était complètement décontenancé. Qu'est-ce que Madame Chose venait faire là-dedans? Il n'en revenait pas! Il était même très inquiet mais au bout de quelques représentations, quand il s'est rendu compte qu'il n'y avait pas de danger, que je finissais toujours par revenir au texte, il s'est mis à y prendre plaisir. Et même, à ma grande surprise, à sortir lui aussi une ligne ou deux de son cru.

Des moments comme ça sont magiques. Quand un acteur vient au Théâtre des Variétés et découvre tout à coup cette liberté et cette intimité avec le public, c'est comme une révélation. Jean-Louis est revenu pour une deuxième pièce, puis pour une troisième, et tous ceux qui comme lui sont venus faire un tour au théâtre y sont revenus. Ils ont tous adoré.

Enfin je pense au public du Théâtre des Variétés. Dans la distribution d'une pièce de théâtre, il faudrait toujours inclure les noms de tous les spectateurs.

On écrit une pièce, on y met des mois et des mois, mais c'est seulement une fois qu'on a fini de l'écrire que le vrai travail commence. Alors on monte sur scène et la pièce se met à changer. Chaque soir, selon les réactions du public, on corrige, on coupe, on rajoute. De sorte qu'entre la première et la cinquantième représentation, on peut presque dire qu'il s'agit de deux pièces différentes.

Je sais que cela s'applique à toutes les créations, à tous les théâtres et même à toutes les formes de spectacle. Toutefois, au théâtre burlesque et au Théâtre des Variétés en particulier, je crois que c'est encore plus vrai. Chez nous, parce que la salle est relativement petite, on peut entendre les rires qui viennent de tous les coins, et ces rires sont là pour nous renseigner. Tout en jouant, tout en les provoquant, il faut être à leur écoute: est-ce que les gens ricanent ou rient franchement? Est-ce qu'il rient jaune ou est-ce qu'ils rient aux éclats? Pour un comique, ces nuances sont très importantes. C'est ce qui le guide et c'est ce qui le nourrit.

Il m'est arrivé de trouver une blague à la deux centième représentation d'une pièce. Je ne sais pas pourquoi je ne l'avais pas trouvée plus tôt mais il y a des soirs où rien ne va. On joue et on sent que le courant ne passe pas. Les gens rient moins, moins fort et moins souvent. Alors forcément, ces soirs-là, on s'en tient au texte. Il y a d'autres soirs où c'est le contraire. Quand on sent que le public est sympathique, qu'il est prêt à vous suivre n'importe où, on se laisse aller et c'est à ce moment-là que les blagues viennent. C'est comme si le public faisait vraiment partie de la pièce. C'est comme si c'était lui, ces soirs-là, qui vous soufflait vos blagues.

Troisième partie

... pour laquelle, j'ai beau chercher,
je ne trouve pas de titre

Du côté de ma mère
et de mon frère

Il y a longtemps, il me semble, que je n'ai pas parlé de ma famille. De la façon dont ce livre est construit c'est comme si, en commençant ma carrière à la télévision et surtout en fondant le Théâtre des Variétés, je n'avais pas eu d'autre vie que celle-là. Comme si j'avais cessé de voir ma mère et mon frère. Comme si je n'avais pas aussi fondé ma propre famille. Imaginez, j'ai rencontré Suzanne en 1964, notre fils Olivier est né en 1972... et je n'en ai pas encore parlé!

Il va donc falloir m'excuser, car maintenant que le mal est fait (mais est-ce bien un mal?) je n'ai pas du tout l'intention de le corriger. Vous voyez le travail, le temps qu'il me faudrait, si j'essayais de tout reprendre depuis le début? Mon éditeur serait fou de rage... Il m'inviterait à son bureau, on aurait une autre discussion... Où ça nous mènerait-il?

D'un autre côté, si j'ai séparé aussi nettement ma vie de famille de ma vie professionnelle, il faut admettre que les circonstances s'y prêtaient. Quand mon père est mort, je n'étais pas encore connu. À peine un an plus tard, je commençais à passer régulièrement à la télévision, j'avais un nom comme on dit; ma carrière était lancée. C'est comme si sa mort avait marqué la fin d'une époque et le début d'une autre...

Avant de mourir, mon père ne m'a vu jouer qu'une seule fois; c'était dans *Bousille et les justes,* de Gratien Gélinas. Je ne sais pas comment il aurait réagi à la notoriété qui est venue après, avec les nombreux rôles à la télévision. Le connaissant et connaissant sa modestie, j'imagine qu'il aurait été un peu gêné. Ma mère, quant à elle, était ravie de mon succès mais elle a mis du temps à comprendre que des gens qu'on croisait dans la rue, des gens qu'on ne connaissait pas, puissent s'arrêter pour me saluer ou pour me serrer la main:

— C'est qui, lui? disait-elle.
— Je le sais pas, maman.
— Ben oui mais tu le connais sûrement, tu viens d'y envoyer la main.
— Mais non, maman. Lui, il me connaît mais moi je le connais pas.
— Ah oui, je comprends...

Bien sûr qu'elle comprenait mais il reste que dans son livre à elle, quand on saluait quelqu'un c'est parce qu'on le connaissait personnellement. Le lendemain ou le surlendemain, on était en voiture, arrêtés à un feu rouge, et la conductrice de la voiture d'à côté se mettait à klaxonner en faisant de grands signes.

— C'est qui celle-là?
— Je le sais pas, maman.

— Raconte-moi pas d'histoires, quand même! C'est pas une étrangère qui te ferait des signes de même.
— Ben oui, maman. Je vous jure que je la connais pas.
— Eh ben! Je m'habituerai jamais.

Mais j'ai fait tellement de télévision dans les années soixante et soixante-dix qu'elle a fini par s'habituer. Elle a aussi compris que la pire chose qui puisse arriver à un comique, ce n'est pas que les gens le saluent dans la rue: c'est qu'ils arrêtent de le faire...

Elle était formidable, ma mère! Du temps que mon père vivait, je pense qu'elle n'a jamais su combien coûtaient l'électricité, le chauffage, le téléphone, etc. Elle n'a jamais ouvert un compte de banque et elle ne savait probablement même pas combien les locataires du dessus payaient. Dès que les comptes ou les factures arrivaient, elle les déposait sur le bureau de mon père et c'était fini, elle ne les revoyait plus et n'en entendait plus jamais parler. C'est mon père qui s'occupait de toutes ces questions-là et je sais maintenant que c'est un arrangement qui leur convenait parfaitement à tous les deux.

En grandissant, par contre, je ne le savais pas. Au contraire, j'étais sous l'impression que ma mère en souffrait un peu et qu'elle n'aurait pas détesté, au fond, avoir aussi son mot à dire. Pour moi c'était comme si mon père, même sans le vouloir, l'avait dominée et je trouvais que c'était injuste. Alors peu après la mort de mon père, quand les premiers comptes de téléphone et d'électricité sont arrivés, j'étais presque content. Je les ai apportés à ma mère en disant:

— Tenez, maman. Vous allez pouvoir tenir vos comptes vous-même à présent. Vous allez pouvoir vous affirmer, prendre vos affaires en main.

Ma mère a pris les enveloppes que je lui remettais comme si c'étaient des bombes ou des bibelots fragiles... Elle ne savait pas quoi en faire. Elle était complètement désemparée... Je suis revenu le lendemain et les enveloppes n'étaient toujours pas décachetées. Deux semaines après, elles traînaient encore sur le bureau de mon père et j'ai finalement compris que ma mère ne les ouvrirait jamais. Elle ne l'avait jamais fait et ça ne lui disait absolument rien. Contrairement à ce que je croyais, durant toutes ces années elle avait fait exactement ce qu'elle voulait, ce qu'elle aimait; et elle aurait été bien malheureuse d'avoir à s'occuper maintenant de toutes ces questions d'argent.

Alors c'est moi qui ai pris ses affaires en main, à commencer par la succession. J'ai racheté les parts que les frères de mon père détenaient encore dans la ferronnerie, puis j'ai vendu le commerce. Ensuite j'ai acheté une nouvelle maison dans laquelle ma mère et moi sommes allés habiter, et elle n'a plus jamais revu un compte de téléphone de sa vie. Dans le fond j'ai fait exactement ce que mon père aurait fait!

Trois ans après la mort de mon père, ma grand-mère est morte à son tour. C'était en 1963, donc elle avait soixante-dix-neuf ans. Elle aussi est décédée subitement, en s'assoyant sur son lit, exactement comme mon père. Elle venait de finir de souper et elle s'est sentie mal. Elle s'est levée, elle est allée dans sa chambre et on l'a retrouvée étendue par terre entre le lit et le mur. Pour moi ç'a été un choc terrible, certainement aussi grand qu'à la mort de mon père. Je dirais même que de toutes les morts — et Dieu sait qu'il y en a eu plusieurs par la suite — c'est celle qui m'a le plus bouleversé. J'avais passé toute mon enfance dans ses bras. Je l'aimais vraiment beaucoup, beaucoup. Et puis, à seulement trois ans d'intervalle, sa mort qui s'ajoutait à celle de mon père, c'étaient des gros coups.

Parmi les derniers souvenirs que j'ai d'elle, il y a les fois où on allait le dimanche à Saint-Gabriel de Brandon, où elle avait encore de la parenté. Il faut dire que ma grand-mère commençait à se faire vieille. Parfois elle avait de la difficulté à se souvenir des choses les plus simples. Il faut dire aussi que Saint-Gabriel est situé à une centaine de kilomètres de Montréal et qu'à l'époque on ne pouvait s'y rendre qu'en empruntant des petites routes de campagne. C'était donc un trajet d'une heure et demie au moins, à l'aller comme au retour. Or dès que ma grand-mère s'assoyait dans la voiture pour revenir à Montréal, elle se mettait à chercher sa clé.

— Bon ben je vais prendre ma clé, moi là...

Ma grand-mère portait toujours, toujours, un tablier qu'elle attachait des deux côtés avec de grosses épingles et sa clé ne pouvait être qu'à deux endroits: soit dans sa sacoche, soit épinglée à son tablier. Alors elle cherchait dans sa sacoche:

— Ah ben, mon Dieu! J'ai perdu ma clé.

— Mais non, grand-maman, elle est épinglée à votre...

— Ah oui... Je pense que je ferais mieux de la mettre dans mon sac à main. Comme ça je saurai où elle est.

Dix kilomètres plus loin, on était encore loin d'être arrivés mais ma grand-mère commençait à tâter son tablier à la recherche de sa clé.

— Ah ben! J'ai pas ma clé.

— Ben oui, mémère, elle est dans votre sac à main.

— Ah! T'as raison... Asteure par exemple je vais l'épingler pour être sûre de la retrouver.

Et ainsi de suite jusqu'à Montréal, du sac à main au tablier et du tablier au sac à main, à tous les dix kilomètres. Elle ne se lassait pas de chercher sa clé et je l'aimais bien trop pour me lasser de l'aider à la retrouver...

Ma mère est morte en 1993 à l'âge de quatre-vingt-cinq ans. C'est donc dire qu'il s'était passé plus de trente ans depuis la mort de mon père, trente ans pendant lesquels ma mère et moi avons été très proches l'un de l'autre. Nous étions tellement proches, de fait, que je lui ai dit peu de temps avant qu'elle meure:

— Si jamais vous avez besoin de moi, là-haut, venez me chercher.

Je pourrais dire que durant ces trente ans je me suis occupé d'elle mais ce serait laisser entendre qu'elle était pour moi une préoccupation, un problème, voire un fardeau, alors que c'était tout le contraire. Ma mère avait peut-être des défauts, comme tout le monde, mais elle n'a pas vécu assez longtemps pour que je les découvre...

Ma mère était toujours partante. Après la mort de mon père, pour la distraire, j'ai pensé qu'un voyage lui ferait du bien. Comme ça, du jour au lendemain, j'ai dit:

— M'man, on s'en va à Paris!

Et on a sauté dans le premier avion. On est allés à Paris, à Rome, à Florence et à Venise. On est restés là-bas un mois et tout de suite après, de retour au pays, on est partis en auto pour Vancouver, ensuite la Californie et retour à Montréal via les États-Unis. On a fait deux mois et demi de route ensemble et ç'a été un voyage merveilleux. Ma mère était du genre à regarder un point sur la carte en disant:

— C'est loin d'ici, San Francisco?
— Juste deux cent milles...
— On y va?

Et on y allait... C'était pas plus compliqué que ça. C'était vraiment la personne idéale avec qui voyager.

Bien sûr, plus le temps passait et plus ma mère vieillissait, mais elle n'a jamais vraiment ralenti. Jusqu'à la fin, elle est restée aussi active, aussi spontanée et enthousiaste qu'au temps de sa jeunesse. Elle était toute menue, elle devait peser une centaine de livres tout au plus mais elle mangeait pour deux hommes. Je me souviens de la dernière fois que nous sommes allés à Miami, ma mère, mon fils et moi. Un jour, on s'est arrêtés dans un restaurant du genre buffet-cafétéria: on commande au comptoir, ensuite on va s'asseoir et on n'a d'ordinaire que très peu de temps à attendre avant que les repas soient servis. Au comptoir, donc, ma mère a commandé deux steaks, Olivier en a commandé un et moi aussi. Puis on a trouvé une table mais au bout de quinze, vingt minutes, les repas n'étaient toujours pas servis. Finalement, quand j'ai été voir ce qui se passait, la jeune fille qui faisait le service m'a expliqué qu'ils attendaient l'arrivée du quatrième mangeur de steak. Ils ne pouvaient pas croire que la petite vieille qui en avait commandé deux allait tout manger elle-même!

Pour vous dire à quel point ma mère était forte — et entêtée —, elle a perdu un rein sans jamais se faire soigner. Elle était malade mais elle ne se plaignait pas et on ne l'a jamais su. Cela devait durer depuis des années puisqu'un jour, après qu'elle eut perdu connaissance, on l'a amenée à l'hôpital et les docteurs ont constaté que l'un de ses reins avait complètement disparu! Il s'était atrophié, désagrégé... Ma mère, parce qu'elle avait peur d'aller à l'hôpital, avait préféré endurer son mal...

Et mon frère Bernard, dans tout ça? Bernard qu'on n'a plus revu, dans ce livre, depuis l'époque du collège Cordeau... Eh bien, malgré son diabète, malgré cette terrible hypothèque qui n'a jamais cessé de peser sur son avenir, Bernard a vécu pleinement sa vie. Il s'est marié, a eu un fils[1], a divorcé; il a travaillé pendant quelque temps au Théâtre des Variétés, puis il s'est retrouvé à l'Union des Artistes où il s'occupait des droits à payer sur les publicités.

Bernard avait un moral extraordinaire. Avec le temps, de petit gars renfermé qu'il était, il est devenu un boute-en-train ainsi qu'un intarissable raconteur d'histoires. Il était pire que moi. Chaque jour, chaque fois qu'on le voyait, il avait une nouvelle blague à raconter. Ceux qui l'ont connu au Théâtre des Variétés ou à l'Union des Artistes vous diront aussi que c'était un travailleur infatigable. Comme quand il était petit, jamais il n'a voulu que sa maladie lui serve d'excuse ou l'empêche de faire quoi que ce soit. Pour toutes ces raisons, Bernard était plus qu'un grand frère ordinaire. Pour moi, avant tout et par-dessus tout, c'était un modèle de courage.

Bernard avait dix ans quand on a diagnostiqué sa maladie et il a vécu jusqu'à cinquante-neuf ans, ce qui est un âge remarquablement avancé pour un diabétique comme lui. À la longue, bien sûr, il avait fini par se connaître. Quand il sentait qu'il était sur le point d'avoir un malaise, il savait exactement ce qu'il fallait

---

1. Ce fils de mon frère s'appelle André; il a habité chez nous, je l'ai vu grandir, et je le considère à bien des égards comme mon propre fils. Il est aussi devenu mon plus fidèle partenaire de golf, car il y a plus de vingt ans que nous jouons ensemble. André est maintenant marié à Francine et père de Myriam.

faire. Il connaissait sa maladie comme le fond de sa poche.

D'un autre côté, plus il vieillissait et plus son diabète s'aggravait, plus il était malade et plus il faiblissait. Au point où il pouvait lui arriver, par faiblesse, de ne pas sentir la crise venir. Un soir, en quittant le Théâtre des Variétés pour rentrer chez lui (il habitait à cinq minutes, tout juste à la sortie du pont Jacques-Cartier), il s'est retrouvé on ne sait comment en plein milieu du pont Champlain. La police m'a téléphoné. Bernard venait d'avoir un accident. Il était encore dans le coma...

Quand on est mère poule comme ma mère l'était, on ne se change pas facilement, et ce n'est pas parce que les enfants sont grands qu'on cesse de s'inquiéter. Quand on était petits, la maladie de Bernard était la grande préoccupation de ma mère; cela non plus n'a jamais changé. Alors quand Bernard a divorcé, son fils et lui sont allés habiter avec ma mère.

On n'a pas idée de la façon dont une maladie comme celle de Bernard peut vous compliquer la vie. On n'a pas idée des soins, des tracas, des ennuis. Imaginez qu'un jour — c'était quand même plusieurs années avant sa mort —, Bernard a voulu prendre le bac à glace dans le réfrigérateur, l'a échappé et l'a reçu en plein sur un orteil. C'est rien, un bac à glace. À vous et à moi, une telle chose arriverait et on n'en parlerait plus l'instant d'après. Bernard, lui, en a souffert pendant un an et demi. Il s'est fait une plaie qui ne guérissait plus, qui s'est remplie de pus, s'est infectée, et il a fallu, à la fin, lui amputer l'orteil.

Pendant tout le temps que ç'a duré, ma mère a pris soin de son pied. Sept ou huit fois par jour, tous les jours, il fallait le faire tremper dans de l'eau distillée, bouillie. Pour ma mère, durant cette période, il n'y avait plus que ça qui comptait: faire bouillir l'eau, changer les pansements, laver la plaie, sept ou huit fois par jour. C'était toute sa vie...

Quand ma mère est morte, Bernard a déménagé dans un immeuble à logements tout près de chez moi et il est mort à peu près un an après. Je me souviens que ce soir-là j'écoutais un match de baseball à la télévision et j'ai voulu appeler Bernard pour lui en parler. Comme c'était un match important qu'on s'était promis de regarder, j'étais sûr qu'il serait chez lui. Quand j'ai appelé une première fois, j'ai donc trouvé bizarre qu'il n'y ait pas de réponse. Mais je me suis dit qu'il était peut-être allé au dépanneur du coin ou quelque chose du genre, alors j'ai rappelé une demi-heure plus tard. Toujours pas de réponse. J'ai appelé une troisième fois un peu plus tard, puis une quatrième, puis une cinquième fois. J'étais incapable d'arrêter d'appeler parce que je savais qu'il avait dû se passer quelque chose mais j'étais tout aussi incapable d'aller voir chez lui, parce que j'avais peur... Je disais à Suzanne:

— Ça n'a pas de sens. Je suis sûr qu'il y a quelque chose qui ne va pas.

Et elle me répondait:

— Mais vas-y, va voir.

Finalement, quand Olivier est arrivé à la maison, je me suis décidé à y aller avec lui. On a frappé à sa porte, mais ça ne répondait pas. J'avais la clé mais je ne pouvais pas entrer parce que Bernard avait mis le crochet à l'intérieur. Alors on est allés au garage voir si sa voiture était là. Elle était là... Finalement, on a fait venir le surintendant de l'édifice qui a réussi à nous ouvrir. C'est ainsi qu'on a trouvé Bernard. Comme mon père, il était mort subitement, étendu sur son lit.

Quant à ma mère, j'ai l'impression qu'elle doit être heureuse là où elle est parce qu'elle n'est pas encore venue me chercher. Comme je l'ai dit, elle était morte un an avant Bernard, à l'âge de quatre-vingt-cinq ans. Elle avait fait une embolie cérébrale et on l'avait emmenée à l'hôpital Notre-Dame. Elle est morte une semaine après, dans la journée du lundi, sans avoir repris connaissance.

Le lundi, on ne tournait pas *Les Démons du midi*. Donc j'étais à l'hôpital, avec ma mère. Le lendemain mardi, par contre, j'ai fait l'émission. Bien sûr, ils m'ont proposé de tout annuler, de présenter une reprise; j'ai refusé. J'ai laissé tomber les blagues que j'avais l'habitude de raconter en début d'émission, mais pour le reste il n'y a pas eu de changement. J'ai animé, j'ai présenté des invités, j'ai procédé à des tirages, etc.

Je ne l'ai pas fait pour jouer au héros et je sais que certains ont trouvé que c'était inconvenant, pour un fils, de travailler si peu de temps après la mort de sa mère. Mais c'est une chose dont ma mère m'avait déjà parlé, il y a bien des années. Elle m'avait dit :

— Moi, s'il m'arrive quelque chose, je veux que tu continues à travailler. Dans ce métier-là, on ne s'arrête pas. Alors va travailler... Il faut que tu fasses ton métier.

Et c'est ce que j'ai fait. Quand on entre en studio, quand les caméras se mettent à tourner, on oublie tout. Alors pour moi, le studio, c'était la seule façon de passer au travers. C'était le seul endroit, ce jour-là, où je ne souffrais pas trop.

Télévision/Prise 2
(*Les Démons du midi*)

Quand je suis passé de Télé-Métropole à Radio-Canada, bien des gens m'avaient prévenu du pire: «Tu vas voir, disaient-ils. À Radio-Canada, tout est extrêmement compliqué. Il faut livrer les textes un mois d'avance et si t'as besoin de quelque chose, même si c'est urgent, il faut le demander par écrit, en trois exemplaires, et tu le reçois quinze jours après quand t'en as plus besoin.»

Pourtant je n'ai jamais eu à me plaindre, au contraire. *Poivre et Sel* fut une très belle aventure et *Les Démons du midi,* qui d'après ce qu'on me disait auraient dû m'apporter frustration après frustration, m'ont valu six ans de pur bonheur. À cause de Suzanne Lapointe, bien sûr, mais aussi à cause de toute l'équipe. Dès le début, quand l'émission a pris l'allure d'un happening quotidien, il suffisait de manifester le désir d'obtenir quelque chose — que ce soit de la part des réalisateurs, des régisseurs, des machinistes, des costumiers, des maquilleurs, des perruquiers ou de n'importe qui — pour l'obtenir immédiatement. Il suffisait que je dise, par exemple: «Ce serait le fun si pendant le sketch, pour jouer un tour, y avait de l'eau qui giclait du téléphone»; et les gars allaient aussitôt chercher la foreuse, on perçait un trou dans le décor, on y fixait le téléphone en le raccordant à une pompe et en quelques minutes tout était en place pour l'émission.

Quant à Suzanne Lapointe, je serais mal placé pour en dire autre chose que du bien puisque c'est moi qui l'ai choisie comme coanimatrice. Dès la première fois où Suzanne et moi avions travaillé ensemble au Théâtre des Variétés, je ne sais pas pourquoi mais ç'avait cliqué. Rien qu'en nous voyant sur scène côte à côte, les gens riaient... et Suzanne riait... et les gens riaient de plus belle. C'était contagieux! Et c'était d'autant plus facile pour moi de faire rire Suzanne qu'elle n'a pas la mémoire des histoires. Alors je pouvais lui raconter la même blague à deux semaines d'intervalle et elle en riait aussi fort et avec autant de naturel puisqu'elle l'avait déjà oubliée!

Donc j'étais sûr qu'à la télévision, avec Suzanne, c'était gagné d'avance. Parce qu'en plus d'être une vraie professionnelle qui pouvait à la fois chanter et jouer la comédie, avec qui on pouvait parler aussi bien de spectacles, d'art, de mode que de cuisine, Suzanne est une fille en or, une fille d'équipe qui a toujours un bon mot et une pensée pour tout le monde.

Quand je dis que c'est une fille en or, je n'exagère pas. À titre d'exemple, Suzanne savait qu'après *Les Démons*, il y avait toujours une longue réunion de production à l'issue de laquelle, bien souvent, je partais immédiatement pour aller travailler au Théâtre des Variétés. Alors, elle nous faisait des lunchs! Tous les midis, elle arrivait avec un sac rempli de sandwiches et d'amuse-gueule. Et comme Suzanne ne fait rien à moitié, ce n'était pas n'importe quoi avec une tranche de pain de chaque côté. C'étaient toujours des petits plats bien préparés, bien fignolés et aussi agréables à l'œil qu'au goût. En connaissez-vous beaucoup, des collègues de travail aussi prévenants? Pas étonnant que toute l'équipe l'adorait!

Il n'y a pas de doute pour moi que l'immense succès des *Démons du midi* est dû en grande partie à ce climat d'entraide et de coopération qui régnait sur le plateau. Non seulement j'y retrouvais le même esprit d'équipe qu'aux débuts de Télé-Métropole mais la manière même dont l'émission a été conçue n'est pas sans rappeler la façon dont Robert L'Herbier s'y prenait à l'époque.

Ce n'est un secret pour personne que Gilles Richer, tout en écrivant *Poivre et Sel,* travaillait déjà à l'écriture et au développement d'une nouvelle émission qui se serait appelée *L'Auberge Inn* et dans laquelle ses personnages de Marie-Rose et d'Hector, joués par Janine Sutto et moi-même, seraient devenus aubergistes. Sauf que Gilles Richer, vers la fin, avait énormément de difficulté à mener les deux projets de front. Sur le moment, il attribuait son manque d'énergie et d'enthousiasme à une espèce de *burn out* mais on sait maintenant, avec le recul, que c'était bien plus grave. Toujours est-il qu'il m'a demandé d'écrire à sa place quatre émissions de *Poivre et Sel* afin que lui-même puisse se concentrer uniquement sur *L'Auberge Inn*. Il aurait pu faire appel à un autre auteur mais il fallait avant tout faire preuve de continuité, respecter les personnages, leur façon de parler, leurs habitudes, et il est évident que je les connaissais bien, que je les connaissais même très bien. J'ai donc livré les textes de ces quatre émissions; Gilles Richer les lut attentivement, les trouva bons et m'en commanda cinq autres que j'écrivis avec grand plaisir.

Malheureusement, à la fin de la dernière saison de *Poivre et Sel,* Gilles Richer n'avait toujours pas livré les textes de la nouvelle émission et comme je n'avais prévu rien d'autre pour l'année suivante j'ai bien failli me retrouver, comme on dit, gros Jean comme devant: j'avais un contrat en poche mais pas d'émission, pas de travail en vue.

C'est alors qu'entre en scène un vieil ami: André Morin. Eh oui, le même André Morin avec qui j'avais fait les deux pianotons au collège Cordeau; le même André Morin que j'avais retrouvé plus tard au Théâtre des Variétés le soir de la fameuse tempête de neige; ce même André Morin était devenu directeur du Service des variétés à Radio-Canada. Quand il a su que j'étais disponible, il m'a fait cette proposition:

— T'as un an devant toi, dit-il, ce serait bien si tu faisais quelque chose pour nous le midi.

Au lieu de me proposer un show conçu d'avance, il me laissa carte blanche et c'est ainsi que j'ai imaginé *Les Démons du midi*. L'émission devait durer seulement un an, le temps que Gilles Richer refasse ses forces. Le sort en a décidé autrement: Gilles Richer, à cause de la terrible maladie d'Alzheimer dont il était atteint, n'a jamais pu écrire *L'Auberge Inn;* et *Les Démons du midi* ont vécu, saison après saison, pendant six ans.

En tout et partout, de 1987 à 1993, il y eut mille cinquante émissions des *Démons du midi.* Alors des anecdotes, naturellement, je pourrais en faire tout un livre. Je me contenterai plutôt de vous raconter celle-ci, tirée tout droit des aventures de Magic Sue.

On sait qu'aux *Démons du midi,* pour souligner la fin d'une saison, nous avions l'habitude de faire une émission spéciale sur un thème choisi. On sait peut-être aussi que dans cette émission et dans d'autres du même genre, grâce à ma petite taille, il m'a souvent été donné de participer à des tours de magie. (D'ailleurs les gens semblent prendre un malin plaisir à me voir disparaître en fumée, le corps transpercé par des épées ou scié en deux...) Or nous avions eu l'idée, cette année-là, de présenter une émission spéciale sur la magie et les magiciens, émission dont le plat de résistance serait un tour de magie exécuté par Suzanne Lapointe elle-même, alias Magic Sue. Le numéro consistait à me faire entrer dans une cage d'où je disparaissais pour faire place aussitôt à un magnifique lion vivant et rugissant. (Autrement dit, le plat de résistance, c'était moi...) Donc on commence par amener la cage au milieu de la scène, on m'y fait pénétrer à la vue de tous, on barre la porte avec un cadenas. Ensuite on recouvre le tout d'un drap opaque et j'ai à peine quelques secondes pour disparaître et laisser le champ libre au lion.

Normalement, je n'oserais pas dévoiler les trucs utilisés par les magiciens pour éblouir leur public. Après tout, c'est leur gagne-pain, ce ne serait pas correct de ma part. Pour une fois, par contre, étant donné que j'ai failli y laisser ma peau, je me sens autorisé à en dévoiler un peu plus. La fameuse cage, bien sûr, est truquée; et quand j'y entre, le lion s'y trouve déjà, dissimulé derrière un faux mur. Pour disparaître, je passe par une trappe qui donne accès à un petit espace aménagé sous le faux plancher. Au même moment, je rabats sur moi le faux mur et celui-ci, tout en masquant la trappe, devient le vrai plancher de la cage. Ce qui veut dire que, du même coup, je libère le lion et m'en protège. C'est vraiment sans danger puisque nous sommes constamment séparés par ce faux mur, moi dessous et lui dessus...

Le gars qui a imaginé ce truc était fort ingénieux. Gageons toutefois qu'il avait pris la peine de répéter plusieurs fois avant de se risquer avec un vrai lion... Moi, étant donné qu'il s'agissait d'une émission quotidienne, diffusée en direct par surcroît, je n'avais pas vraiment le temps d'assimiler parfaitement tous les numéros auxquels je me prêtais. Ainsi, quand je suis entré dans cette cage, je n'avais répété ce tour-là qu'une seule fois.

Bref, j'entre dans la cage et, tel que convenu, on m'y enferme et on jette un drap dessus. Mais le drap est à peine posé que je reçois un choc terrible dans le dos, un coup qui me déconcentre complètement: c'est le lion qui vient de faire tomber le faux mur d'un coup de patte et qui se trouve maintenant face à face avec moi! Or je ne peux plus ouvrir la trappe puisque le faux mur la recouvre... et sur le faux mur, y a le lion...

Horrifié, je me rends bien compte que la seule façon de m'en sortir est de ramener le lion à la place qu'il occupait au départ. Alors n'écoutant que le courage que donne la frousse à la perspective de se faire bouffer tout rond en direct à la télévision, je me mets à repousser la bête de toutes mes forces. On peut remettre un homme à sa place, mais un lion, je vous assure, c'est pas évident, surtout quand il résiste... Tantôt c'est une patte qu'il faut ramener en arrière, tantôt c'est la queue qu'il faut replier, tantôt c'est la tête qu'il faut repousser... Tout un contrat!

Pendant ce temps très court qui m'a paru très long, Suzanne se rendait bien compte que c'était le branle-bas de combat en dessous du drap d'où émergeait de temps en temps un bout de queue, un bout de crinière ou un bout de patte. Le public, lui, se tordait de rire, mais Suzanne avait hâte que ce soit fini. On sait que les numéros de Magic Sue étaient préparés par des professionnels. Suzanne ne faisait que les exécuter du mieux qu'elle pouvait. Alors tout en jouant de la baguette, tout en lançant des abracadabra et de nombreux coups d'œil vers les coulisses où se tenait le magicien Mehdi, qui avait monté le numéro, elle essayait désespérément de sauver le spectacle... à défaut de sauver l'animateur.

Bien sûr, puisque je suis là pour vous raconter l'histoire, le fauve ne m'a pas dévoré. J'ai fini par le repousser et par remettre les crochets qui tenaient en place le faux mur, ensuite j'ai pu ouvrir la trappe (celle du plancher), m'y glisser et enfin, comme prévu, libérer le lion.

C'est dommage parce qu'en voulant sauver les apparences, en voulant sauver à tout prix l'émission, on a raté quelque chose d'exceptionnel. On peut dire que pour une rare fois, les caméras de télévision n'étaient pas au bon endroit au bon moment: le vrai spectacle, c'est dans la cage qu'il se passait!

Après *Les Démons du midi,* j'aurais pu rester à Radio-Canada. On m'avait demandé de reprendre le collier dès l'année suivante avec une autre émission diffusée à midi, mais c'est une chose dont je me sentais incapable. Quand je reviendrai à la télévision, à Radio-Canada ou ailleurs, j'aimerais que ce soit dans quelque chose de nouveau, quelque chose que je n'ai pas déjà fait: soit un rôle complètement différent, soit une série ou même un film que j'écrirais moi-même. Aujourd'hui, j'ai la tête pleine de projets et j'ai réellement hâte de relever un nouveau défi mais en 1993, quand *Les Démons* ont pris fin, ce n'était pas le moment. Je venais de finir six ans de télévision intensive, six ans à animer en plus d'écrire un sketch tous les jours, et j'avais besoin d'un peu de repos. J'avais besoin de prendre un peu de recul...

Quand j'ai commencé à faire ce métier, il y a une quarantaine d'années, Radio-Canada était le seul diffuseur, la télé couleur n'existait pas et toutes les émissions étaient diffusées en direct. Quelques années après, on aurait dit qu'il n'y avait plus que Télé-Métropole, tout le monde écoutait le 10. Alors la télévision a changé, s'est démocratisée. Puis la couleur n'a pas tardé à faire son apparition et il a fallu nous adapter. Parce que la couleur nécessitait nettement plus d'éclairage, il fallait aussi prévoir de meilleurs maquillages, beaucoup plus sophistiqués, et on ne pouvait plus mettre des chemises blanches: il fallait porter du bleu. Un changement plus important, pour les acteurs sinon pour les téléspectateurs, fut le passage du direct à l'enregistrement. Petit à petit, on s'est mis à faire de plus en plus d'émissions en différé et le direct a presque disparu des ondes sauf pour les bulletins de nouvelles, les galas et autres événements spéciaux.

Mis à part le fait que les acteurs étaient maintenant libres de leurs soirées, et donc de travailler au théâtre s'ils en avaient envie, l'arrivée du *stop tape* a changé radicalement notre façon de faire de la télévision. Avec cette technique qui permet, tout en enregistrant, d'arrêter à n'importe quel moment, il est encore possible de jouer devant un public mais on y perd beaucoup de spontanéité. C'est comme si les dés étaient pipés. Les gens sont avertis d'avance que les acteurs arrêteront de jouer lorsqu'il y a une erreur. Alors si quelqu'un se trompe, on arrête; ensuite on recommence, on arrête, on recommence. Avant, ç'aurait été catastrophique d'arrêter une seule fois. Maintenant c'est drôle...

Quant à moi, je préfère de beaucoup travailler en direct et c'est une autre raison pour laquelle *Les Démons du midi* furent une si belle aventure. Le direct, c'est comme le théâtre. Pour un acteur, c'est un milieu beaucoup plus naturel que le cinéma, par exemple. Quand on fait du théâtre ou quand on joue en direct à la télévision, on a le trac avant et ce trac nous sert, il nous motive. En revanche, lorsqu'on enregistre une émission ou quand on fait du cinéma, on a le trac après, au moment de la diffusion ou de la sortie en salles, et ce trac-là est absolument inutile.

Les Démons du midi étaient diffusés en direct quatre jours par semaine, mais les problèmes survenaient toujours la seule journée où l'émission était enregistrée. Cette journée-là, aussitôt que quelqu'un faisait la moindre fausse note, oubliait son texte ou bafouillait, on savait qu'on pouvait s'arrêter et on s'arrêtait. Comme par hasard, les quatre autres journées, il n'y avait jamais de problèmes. Au lieu d'arrêter, on assumait, on improvisait... Parce qu'on travaillait sans filet, on était plus éveillés, forcément, et les résultats étaient bien meilleurs.

Quoi qu'il en soit, en couleur ou en noir et blanc, en direct ou en différé, la télévision est devenue en l'espace de quarante ans un média tellement important qu'on pourrait quasiment le qualifier d'indispensable. Autant pour nous, bien sûr, qui en vivons: réalisateurs, acteurs, auteurs, costumiers, décorateurs, machinistes, caméramans, etc., que pour les téléspectateurs...

Il y a plusieurs années, une nuit que je ne dormais pas, je me suis levé, j'ai allumé le téléviseur et je suis tombé sur le cardinal Léger qui à l'époque avait sa propre émission à la télé communautaire. Au moment où j'ai ouvert mon poste, le cardinal disait justement: «Je ne sais pas, je prêche peut-être dans le désert mais s'il y a quelqu'un qui m'entend, faites-moi signe.» On sait que ce type d'émission est diffusé en reprise maintes et maintes fois. Il était trois heures du matin et je n'ai pas osé l'appeler en pleine nuit. Mais je l'ai fait le lendemain à la première heure. J'ai appelé l'archevêché, j'ai demandé à parler au cardinal Léger et quelques instants plus tard, à ma grande surprise, j'avais le cardinal au bout du fil:

— Monsieur Latulippe, que puis-je faire pour vous?

— Vous avez lancé un appel cette nuit, au cours de votre émission. Voilà, je voulais seulement vous dire que vous ne prêchiez pas dans le désert.

Il était ravi de l'entendre mais le plus bizarre, c'est qu'il a enchaîné sur un autre ton, dans un tout autre domaine:

— Vous, Monsieur Latulippe, on sait bien. Quand vous faites *Symphorien,* vous avez trois caméras, c'est du travail soigné, tout est bien préparé. Il y a des professionnels qui planifient tout de A à Z et vous êtes entouré de gens qui vous aiment. Tandis que moi, modestement, je suis là tout seul, dans mon petit studio, avec une seule caméra...

C'est quand même étonnant, n'est-ce pas, qu'un homme comme le cardinal Léger s'inquiète de la façon dont son image passe à la télévision? Mais cela illustre bien la place extraordinaire que le petit écran a prise dans nos vies.

Dans le même ordre d'idées, j'ai connu un médecin qui travaillait dans un hôpital et qui écoutait chaque jour *Les Démons du midi* tout en faisant ses visites aux patients. Dans toutes les chambres, la télévision jouait la même émission. Tous les malades la regardaient.

— J'en attrape un petit bout dans une chambre, disait ce médecin, un autre bout dans la chambre suivante, et ainsi de suite. Le temps que je finisse mes visites, j'ai vu toute l'émission!

Ne serait-ce que pour cette raison — qu'elle permet de toucher des gens qui sont cloués au lit, qui sont incapables de sortir et qui ont grand besoin de distractions —, la télévision serait déjà une belle invention.

Et moi, pour cette même raison, pour avoir eu la chance de distraire les patients de cet hôpital, je serais déjà largement récompensé d'avoir animé *Les Démons du midi*.

Souvenirs de Marcel

> *L'ami, le vrai, c'est celui qui
> ne s'use pas quand on s'en sert.*
>
> Marcel Pagnol

Je cherche des anecdotes qui vous feraient voir Marcel Gamache tel qu'il était, qui le résumeraient, qui le définiraient. Tel qu'il était...

Alors je cherche, je cherche dans mes souvenirs et je tombe sur celui-ci qui date du temps où j'habitais Cité Jardin. Je ne sais pas si vous êtes familier avec le *skittle*? C'est un jeu de billard qui se joue avec des petites quilles valant un, deux, trois ou quatre points selon l'endroit où elles sont placées sur la table. Il s'agit de les faire tomber et le premier qui accumule trente et un points gagne la partie. Par contre, si on fait tomber la quille noire, placée au centre de la table, on perd tous ses points et on recommence à zéro.

Donc à Cité Jardin, chez moi, j'avais une table de billard et très souvent Marcel et des amis venaient y jouer au *skittle*. On avait beaucoup de plaisir mais c'est un jeu difficile, où tout est toujours à recommencer, et on avait tendance à sacrer pas mal fort... Pourtant, ce n'est pas parce qu'on prenait la chose très au sérieux. Au contraire, si on sacrait, c'était pour rire, et c'est aussi pour rire qu'on s'était donné un règlement supplémentaire: il était absolument interdit de sacrer à moins d'avoir accumulé vingt-cinq points. Alors seulement on avait le droit mais... dans la garde-robe. En tout cas, jamais devant les femmes qui assistaient parfois à nos parties. C'était très strict. (Enfin... si on était assez fous pour instituer ce nouveau règlement, on était assez fous pour le respecter.)

Alors un jour où la partie était chaudement disputée, au moment où Marcel semblait sur le point de l'emporter avec quelque chose comme vingt-six ou vingt-sept points en banque, ce qui devait arriver arriva: il fit tomber la quille noire et perdit tous ses points. Marcel entra dans la garde-robe et là, mes amis, il se mit à sacrer comme je ne l'avais jamais entendu sacrer. C'en était même étonnant venant de quelqu'un comme lui, qui n'avait pas l'habitude, même pour rire, d'utiliser un tel langage.

Ensuite il y eut un long silence, un énorme silence. On se disait: *Il va sortir...* Parce que normalement, après s'être copieusement défoulé, on sortait et la partie pouvait continuer. Mais cette fois-ci, rien... Marcel ne sortait pas et cela dura si longtemps qu'à la fin, un peu inquiet, j'ouvris la porte de la garde-robe pour voir ce qui se passait.

Ce qui se passait? Marcel était tout nu, attendant juste qu'on ouvre la porte! *Tel qu'il était...*

Comme vous le voyez, Marcel avait du front tout le tour de la tête. Il n'y a vraiment rien à son épreuve. Remarquez que sur ce point, il avait de qui tenir. Son père, Adolphus, étant un amateur de hockey, il lui arrivait d'amener ses quatre garçons voir jouer les Maroons de Montréal. Dans ce temps-là, les matchs avaient lieu à l'aréna Mont-Royal et c'était un peu comme l'ancien Forum avant que le club ne déménage au Centre Molson: c'était vieux et les installations sanitaires laissaient nettement à désirer. Dans les toilettes des hommes, il n'y avait que de rares urinoirs, en nombre vraiment insuffisant, et les gens devaient attendre une éternité avant d'aller arroser les boules à mites.

Adolphus, lui, n'attendait pas. En arrivant dans les toilettes, il se faufilait directement jusqu'au mur, ses quatre fils à sa suite, et en un rien de temps, avec tous ceux qui entraient sans arrêt, une nouvelle file d'attente s'était formée derrière eux. Pour les Gamache, c'était la moindre des choses. Il n'y avait jamais rien qui les dérangeait. Mais ceux qui venaient après faisaient le saut quand ils se rendaient compte, leur tour venu, qu'ils devaient faire pipi contre le mur!

Cette désinvolture qu'il avait héritée de son père, Marcel Gamache s'en était pratiquement fait une philosophie de vie. Je veux dire que quand il s'agissait de faire rire ou de faire plaisir à sa famille ou à ses amis, ce n'est pas la crainte des qu'en-dira-t-on ou le respect des convenances qui auraient pu l'empêcher d'agir.

Mais comme c'était un être foncièrement bon, absolument dépourvu de toute malice, il avait beau faire tout ce qui lui passait par la tête, ce n'était jamais bien méchant.

D'ailleurs j'ai tort de dire qu'il n'y avait rien à son épreuve. Il est arrivé au moins une fois que Marcel se morde la langue d'avoir trop parlé.

Il faut dire que Marcel connaissait très bien Yvette, ma belle-mère, qu'il avait rencontrée chez moi maintes et maintes fois et qui nous accompagnait souvent, Suzanne et moi, quand nous allions chez lui. Il faut dire aussi qu'à la même époque, Olivier prenait des cours de piano d'une religieuse qui s'appelait également Yvette. Or un jour, comme c'était l'anniversaire de Marcel, je l'ai appelé pour lui souhaiter bonne fête et je lui ai dit à brûle-pourpoint:

— Je vais vous passer Yvette.

Convaincu d'avoir ma belle-mère au bout du fil, avec qui il n'avait pas l'habitude de se gêner, qui aimait rire et qui ne détestait pas les histoires un peu salées, Marcel s'est mis à lui raconter des blagues à double sens... Mais des blagues à double sens, quand même, il y en a d'épouvantables! Au début, sœur Yvette répondait poliment, un peu étonnée, un peu gênée, et plus la conversation avançait plus son visage se figeait. À la fin, elle est restée un long moment sans rien dire, puis elle m'a tendu le combiné et j'ai dit à Marcel:

— Vous n'avez pas idée de la personne à qui vous venez de parler! C'est sœur Yvette, la professeur de piano d'Olivier.

Marcel était capable d'apprécier un bon tour — et celui-là est sans doute l'un des pires que je lui ai joués — mais à partir de ce moment-là, il suffisait de mentionner le nom de sœur Yvette pour le rendre mal à l'aise... Malaise qui a duré jusqu'au jour où, fatalement, ils se sont rencontrés. C'était chez moi, à l'occasion de je ne sais plus quelle fête, et Marcel a passé la soirée à s'excuser. Il était à quatre pattes devant elle et sœur Yvette a bien ri. Heureusement que c'est une femme qui a l'esprit large parce que le pauvre Marcel en aurait pâti toute sa vie!

Je me souviens d'une année où Suzanne et moi avons fait un voyage en Orient avec un couple d'amis. Pour nous éviter les frais d'un long stationnement à l'aéroport, Marcel était venu nous reconduire à Mirabel avec son auto. C'était déjà très gentil de sa part mais il n'était pas au bout de sa peine. Quand l'avion fit un premier arrêt à Toronto, je m'empressai d'aller téléphoner, à frais virés, pour dire à Marcel que tout s'était bien passé.

— Inquiétez-vous pas, lui dis-je, je vais vous tenir au courant s'il nous arrive quelque chose...

Je ne sais pas si Marcel a deviné ce qui l'attendait. Nous serions quand même partis pour au moins un mois. Eh bien, chaque jour, réguliers comme l'horloge, on a appelé Marcel. À frais virés, bien entendu — on n'a pas toujours la monnaie... On l'a fait du Japon, de la Chine, de la Malaisie, de Hong-Kong, de Hawaï, de San Francisco, et Marcel a toujours accepté de payer les appels.

On l'appelait pour le rassurer, pour lui dire que tout allait bien, mais on en profitait aussi pour avoir des nouvelles du Québec. On lui disait: «Marcel, vous pouvez pas savoir comme on s'ennuie... Lisez-nous donc la première page de *La Presse.*» Ou bien: «Marcel, faites donc japper votre chien...»

Bien sûr, c'était devenu une immense blague et Marcel le savait très bien. N'empêche qu'il aurait pu y mettre fin n'importe quand en refusant tout simplement de virer les frais à son compte. À notre retour, nous lui avons demandé pourquoi il ne l'avait jamais fait.

— On sait jamais, répondit-il, un jour vous auriez pu avoir vraiment besoin de quelque chose. Il n'y avait pas de chance à prendre.

C'est un exemple qui vaut ce qu'il vaut mais le fait est que Marcel Gamache a été toujours été là quand j'ai eu besoin de lui. Pour reprendre le mot de Pagnol — et tous ceux qui l'ont connu vous diront la même chose —, Marcel était le genre d'ami qui ne s'use pas. On pouvait lui demander n'importe quel service, en n'importe quelle circonstance, avec l'assurance qu'il se ferait un plaisir de vous le rendre. Et même quand on n'avait rien à lui demander, quand on rencontrait Marcel pour le travail ou pour toute autre raison, on se rendait compte qu'on se sentait toujours mieux après l'avoir vu qu'avant. Sans le savoir, on avait quand même eu besoin de lui...

Pour moi, je crois que c'était d'autant plus vrai que j'ai connu Marcel peu de temps après la mort de mon père. J'avais vingt-deux, vingt-trois ans, et Marcel était beaucoup plus âgé. Alors il est évident qu'inconsciemment, Marcel est venu remplir ce grand vide causé par le départ de mon père. Autant celui-ci m'était indispensable quand il vivait, autant Marcel l'est devenu par la suite. Il faisait partie aussi bien de ma vie privée que de ma vie professionnelle, et il n'y a pas une journée où l'on ne se parlait pas au moins une fois au téléphone.

Marcel et moi avions beaucoup de choses en commun, à commencer par ce métier que nous avions choisi tous les deux. Nous avions le même sens de l'humour et la même passion de faire rire. Nous avions beaucoup d'amis communs et nous étions nés presque la même journée, Marcel le 29 août et moi le 31. À ce sujet, d'ailleurs, il faut dire que les personnes nées sous le signe de la Vierge étaient nombreuses dans notre entourage. La Poune était née le 25 août, le docteur Jetté, qui fut longtemps mon voisin et qui était devenu un ami intime de la famille, était né le 3 septembre et ma mère le 4. C'est ainsi qu'une année, au lieu d'acheter cinq gâteaux pour les cinq anniversaires, on a décidé d'en acheter un seul: un immense gâteau qu'on a entamé pour la fête de Rose, qu'on a ensuite remisé puis ressorti pour celle de Marcel, puis encore pour la mienne et pour celle du docteur Jetté avant de lui donner le coup de grâce à l'anniversaire de ma mère!

Mais le plus étonnant dans cette amitié entre Marcel et moi, ce n'est pas tant nos ressemblances que nos différences. J'ai toujours été très discipliné. Je travaille mieux quand je sais d'avance ce qui m'attend et toutes mes journées sont structurées du matin jusqu'au soir. Marcel, c'était le contraire. Il était brouillon, toujours à la dernière minute.

Marcel était le genre d'auteur qui travaille mieux sous pression. Si, début janvier, on lui commandait un texte pour le 1er juin, on pouvait être sûr qu'il n'y toucherait pas avant le mois de mai... et que le 1er juin au matin, après avoir écrit toute la nuit, il serait encore en train de dicter des retouches, des bouts de dialogue, etc., tout en se rasant... Mais il était plus efficace dans ces conditions. Sans la pression, sans l'imminence de l'heure de tombée, il n'avait pas la motivation et les résultats étaient donc moins bons.

Marcel était aussi l'homme le plus distrait que j'aie jamais rencontré. Du temps de l'émission *Symphorien*, on avait l'habitude de répéter tous les jeudis et vendredis matin au restaurant Sambo, sur la rue Sherbrooke dans l'est de Montréal. À ces répétitions, Marcel était fréquemment en retard. Le plus souvent, il avait écrit toute la nuit, alors il nous envoyait ses textes par taxi vers huit heures du matin. Une heure plus tard, le temps de se raser, de prendre une douche et un café, Marcel s'amenait...

Est-ce parce qu'il n'avait pas dormi de la nuit ou simplement parce qu'il était distrait? Toujours est-il qu'un de ces matins, au Sambo, je l'ai vu entrer dans la cabine téléphonique, mettre des pièces dans la fente puis attendre, attendre, sans dire un mot... Finalement, j'ai su qu'il avait pris le téléphone pour la distributrice de cigarettes: il attendait que son paquet tombe!

Autre exemple de distraction, encore pire que le premier: au même restaurant Sambo, après avoir dîné et payé la facture, on est sur le point de partir quand le serveur nous rapporte la monnaie dans une petite assiette où se trouvent également des bonbons à la menthe; Marcel est déjà debout, prêt à partir, il se met les pièces de monnaie dans la bouche et remet les bonbons au serveur en guise de pourboire!

Mais la plus grande différence entre nous deux, c'est que Marcel me racontait absolument tout ce qui lui arrivait. Pourtant, ce n'est pas parce que je l'encourageais. Jamais je n'aurais cherché à obtenir ses confidences et Marcel savait très bien que je ne suis pas moi-même du genre à en faire. Mais pour lui c'était une sorte d'exutoire. Il en avait besoin. Il aimait parler...

Marcel aimait la vie, et il aimait beaucoup les femmes de sa vie. Il aimait sa fille, Lise, et il aimait la mère de Lise, Julienne, qui fut sa première femme et que j'ai bien connue. Il aimait Nathalie, sa deuxième épouse, qui était de trente ans sa cadette et que j'ai aussi très bien connue.

Marcel aimait un tas de choses. Il aimait s'amuser, sortir, jouer au golf, jouer aux cartes, au billard, etc. Il aimait sa famille, ses amis, il aimait rencontrer des gens et il adorait recevoir en un même endroit tous les gens qu'il aimait. Il organisait des fêtes qui commençaient toujours modestement, avec sept ou huit personnes, et qui se terminaient avec au moins vingt-cinq, quand ce n'était pas cinquante ou même cent personnes qui envahissaient sa maison et sa cour arrière.

Si Marcel aimait rire et faire la fête, je ne voudrais pas donner l'impression qu'il n'aimait que ça. Car il mettait à faire son métier la même énergie et la même passion qu'il mettait à aimer la vie. Comme auteur, c'était un perfectionniste qui pouvait passer des nuits à écrire et à réécrire ses textes; et comme comédien, c'était l'un des rares qui pouvaient s'attaquer à des numéros aussi difficiles que *Toronto* ou *Jean qui pleure et Jean qui rit* et s'en tirer avec autant de brio.

Marcel aimait un tas de choses mais ce qu'il aimait par-dessus tout, je crois, c'était parier et signer des papiers... Il pariait sur absolument n'importe quoi et il fallait toujours que ce soit mis par écrit.

Parmi les plus étranges paris que j'ai pris avec Marcel — et qui fut mis par écrit, dûment signé et quasiment notarié —, il y a celui dont l'enjeu était le cimetière de Sainte-Dorothée, si Marcel perdait, contre celui de Longueuil si c'est moi qui perdais. J'ai encore dans mes tiroirs des tas de papiers comme celui-là stipulant que Marcel avait perdu sa maison, sa femme, son chien, sa voiture, tout ce qu'il possédait et même ce qu'il ne possédait pas. Tout est fait à mon nom et signé de sa main. (En passant, j'ai bel et bien gagné le cimetière de Sainte-Dorothée mais j'ai été obligé de le laisser là parce qu'il n'allait nulle part ailleurs...)

Les papiers, les papiers de toutes sortes, c'était sa grande manie... Pas seulement les siens, d'ailleurs. Par exemple, pour augmenter son handicap au golf, il allait voir son médecin et il arrivait sur le terrain avec de grands rayons X et une lettre du docteur attestant que sa hanche était déplacée et qu'il fallait en conséquence lui accorder tant de coups par trou. Le lendemain, toujours avec rayons X à l'appui, c'était la cheville qu'il s'était foulée; ensuite c'était l'épaule, etc. Ça n'avait aucun sens!

Vers la fin de sa vie, Marcel avait une bosse dans le cou et moi-même, à peu près au même moment, je me suis aperçu que j'avais aussi une bosse sur le dessus du crâne. Ni l'un ni l'autre ne savions ce que c'était. Alors nous nous sommes dit: *Ça y est, on a des cancers...* À l'hôpital où nous sommes allés consulter, on nous a fait des prélèvements, des prises de sang, mais il faudrait attendre quelques jours avant d'obtenir les résultats des analyses.

En attendant, Marcel et moi nous sommes revus plusieurs fois et il est arrivé un soir, pendant une partie de cartes, que nous ne sachions plus quoi gager. Eh bien, on a joué nos cancers! Celui des deux qui perdait était obligé de faire soigner les deux cancers, de recevoir la chimio pour deux afin que l'autre n'ait pas à se déranger ni à perdre ses cheveux!

On a beau faire des blagues et des paris comme celui-là, on sait tous qu'un jour ou l'autre ce sera pour vrai. Peut-être que les blagues, justement, sont là pour cacher l'angoisse... Or cette bosse que Marcel avait dans le cou s'est révélée cancéreuse et c'est de cela qu'il est mort, le 10 mai 1995.

Mais il est mort, à mon avis, bien avant cette date. Il est mort le jour même où le medecin lui a annoncé sauvagement qu'il n'avait plus d'espoir.

Je sais que tous les médecins ne le font pas mais ils sont plusieurs qui n'hésitent pas à dire à leur patient atteint d'un cancer ou d'une autre maladie mortelle qu'il n'a plus qu'un, trois ou six mois à vivre. C'est une pratique assez répandue que je trouve tout à fait inhumaine. Je crois sincèrement qu'on n'a pas le droit d'enlever à quelqu'un la chose la plus importante qui soit: *l'espoir.* J'en veux pour preuve les profits mirobolants qu'enregistre chaque année Loto-Québec. Les gens achètent des billets de loterie. Les gens jouent, les gens achètent de l'espoir. Alors de quel droit refuse-t-on cet espoir aux malades? Surtout qu'il ne coûte rien, qu'il ne peut pas leur faire de mal...

Certains diront: «Il faut le dire pour que le malade puisse se préparer, mettre ses affaires en ordre, prendre ses dispositions.» Je veux bien quand il s'agit de quelqu'un qui est encore jeune, qui a de jeunes enfants ou des parents à sa charge. Mais dans le cas de mon ami Marcel, qui avait quatre-vingt-deux ans et quelques mois à vivre, c'était inutile. Il est pourtant facile de mentir à un grand malade. Souvent, il n'attend que ça... On aurait pu avertir sa famille, ses proches, mais pas Marcel. Pourquoi lui avoir gâché le peu de temps qu'il lui restait à vivre?

Quand Marcel nous a annoncé cette terrible nouvelle, lui-même n'arrivait pas à y croire. Un simple mot de son médecin et il se serait battu comme il l'avait fait toute sa vie.

Devant nous, Marcel n'a jamais été triste ou amer. Jusqu'à la fin, il a continué de blaguer. Suzanne, Olivier et moi l'avons vu dépérir un peu plus chaque jour mais il n'a jamais cessé de vouloir nous faire rire.

Marcel a tellement maigri en quelques mois qu'il ne pouvait plus porter aucun de ses habits. Je lui ai même donné un veston à moi qui lui faisait parfaitement. Un jour où il était venu jouer aux cartes à la maison, il s'est senti mal et il est allé s'étendre. Une heure plus tard, quand il est venu nous rejoindre au salon, il avait enfilé une des robes de Suzanne! Même à la veille de mourir, il pensait encore à nous faire rire!

Malade, amaigri, vieilli mais pas triste, Marcel est mort à l'hôpital du Sacré-Cœur. C'est là que je l'ai vu pour la dernière fois. Quand on s'est quittés, on s'est souri comme on le faisait toujours en se promettant qu'on allait bientôt se revoir... Bien sûr qu'on va se revoir mais j'aurais aimé avoir moins longtemps à attendre.

En tout cas, quand mon tour viendra, je souhaite mourir rapidement, subitement, comme mon frère et mon père. Mais si jamais ce n'est pas le cas, mentez-moi, je ne demande que ça.

Du côté de Suzanne et d'Olivier

En 1964, trois ans avant de fonder le Théâtre des Variétés, j'ai rencontré une fille du nom de Suzanne Gagnon... Trois ans plus tard, cette jeune fille et moi, on est allés vivre ensemble... Cinq ans plus tard, un garçon nous est né qu'on a prénommé Olivier...

Quand Olivier était petit, tous les soirs, avant d'aller au Théâtre, je le prenais dans mes bras et je l'endormais en lui contant des histoires. Je berçais mon petit gars en lisant à haute voix les contes de Perrault. Comme il y avait des sorcières, des ogres, des géants, j'imitais les voix de tous les personnages, je ricanais, grognais, grondais, j'en mettais beaucoup et le petit, tout à coup, me reprenait:

— Non, papa. Tu me fais peur. Fais juste lire...

C'est incroyable comme le temps passe! Ce souvenir, c'est comme si c'était hier et pourtant, au moment où j'écris ces lignes, Olivier fait son barreau... Il a vingt-quatre ans, ce n'est plus un enfant... C'est devenu un homme.

C'est incroyable la chance qu'on a! Je connais Suzanne depuis 1964 et je ne peux pas imaginer la vie sans elle. Pourtant, quand on y pense avec un peu de recul, nos routes auraient très bien pu ne jamais se croiser. Cette année-là, un ami, Marc Pilon, avait produit un photo-roman dont il m'offrit un exemplaire. C'était une belle publication, bien présentée, et c'est en la feuilletant que j'ai vu Suzanne pour la première fois. Elle jouait l'un des personnages, je l'ai trouvée fort séduisante et j'ai demandé à Marc de me la présenter.

Il ne faut pas croire que j'avais de la difficulté à rencontrer des filles. Au contraire, j'en avais connu plusieurs. En général, les comiques ont du succès avec les femmes et cela s'explique facilement: les femmes aiment rire. Elles aiment quand on les fait rire et elles ont un sens de l'humour beaucoup plus développé que celui des hommes. C'est tellement vrai qu'avant les spectacles, quand on regarde dans la salle et qu'on y voit plus de femmes que d'hommes, on est contents parce qu'on sait que les femmes sont un bien meilleur public.

Donc j'avais connu beaucoup de filles mais ça ne durait jamais longtemps. Je travaillais beaucoup, j'étais souvent parti et je n'avais ni le temps ni l'envie de m'attacher sérieusement. Alors c'est à ce genre de relation que je m'attendais en allant rencontrer Suzanne au restaurant chinois où nous nous étions donné rendez-vous. Je pensais qu'on allait sortir ensemble un soir ou deux, peut-être trois...

Est-ce qu'on sait pourquoi on tombe amoureux? Ou même comment? Est-ce qu'on sait pourquoi on aime cette fille-là plutôt que telle autre? Pourquoi, celle-là, on la rappelle le lendemain pour l'inviter au cinéma alors que ce n'est pas du tout ce qu'on avait prévu? Pourquoi on la rappelle encore le surlendemain et le jour d'après — sans même se rendre compte qu'on est en train de tomber amoureux?

Et ça nous ramène à ce que je disais au tout début de ce livre: on ne sait jamais ce qui s'en vient et, quoi qu'il arrive, on n'est jamais tout à fait prêt. Dans la vie, dans toutes les vies, il y a des jours pas comme les autres, des jours plus importants, des jours où quelqu'un entre dans votre vie qui n'en sortira plus, mais on ne s'en rend compte que beaucoup plus tard. Alors on se dit que c'est dommage parce qu'on aurait aimé garder un souvenir du moment précis où cette personne, cette jeune fille aperçue dans un photo-roman, est devenue la femme qu'on aimera toute sa vie...

Il y a d'autres jours, par contre, qu'on ne voudrait pas rater pour tout l'or du monde. Des jours où c'est la vie elle-même qui entre dans votre vie.

Harpo Marx disait qu'en revenant de travailler, le soir, il aurait aimé voir la tête d'un enfant à chacune des fenêtres de sa vaste demeure hollywoodienne. J'aurais aimé, moi aussi, avoir beaucoup d'enfants. Le destin en a décidé autrement. Même qu'après plusieurs fausses couches, Suzanne et moi nous étions faits à l'idée que nous n'aurions jamais de progéniture. Et puis un jour, en octobre 1972, Olivier est arrivé. Il est né avant terme, après six mois et demi de grossesse, et il pesait seulement trois livres et quatorze onces. Mais il était bien vivant, et c'était la plus belle chose qui nous soit jamais arrivée.

En général, en tant que comique, je peux me vanter d'avoir un bon timing. Malheureusement, à la naissance d'Olivier, je dois admettre que j'en ai vraiment manqué. Je venais de signer un engagement au Vicomte, un chic cabaret de Laval, et j'allais justement partir pour ma première soirée de travail quand les contractions ont commencé. Donc je n'ai même pas pu aller reconduire Suzanne à l'hôpital, ce qui était déjà de mauvais augure. En arrivant au cabaret, par contre, je me suis précipité sur un téléphone. J'ai appelé à l'hôpital mais il n'y avait pas de nouvelles. J'ai retéléphoné entre les deux premiers spectacles et encore après le deuxième et dès la fin du troisième show je me suis rendu à l'hôpital. Il ne s'était encore rien passé et les contractions ont continué encore longtemps. Même si ça s'est calmé un peu par la suite, le personnel a quand même décidé de garder Suzanne pour la nuit.

Le lendemain, je suis passé à l'hôpital durant la journée et j'y suis retourné avant de me rendre au cabaret. Comme si c'était arrangé avec le gars des vues, les contractions ont recommencé juste au moment où il fallait que je parte. J'aurais dû rester, je sais, mais travail oblige... J'ai laissé Suzanne à regret et, comme on peut s'y attendre, il y eut encore ce soir-là de nombreux téléphones, avant, pendant et après chaque spectacle. Comme la veille, quand je suis arrivé à l'hôpital, il ne s'était rien passé. Ça s'était calmé...

Le lendemain, la mère de Suzanne et moi avons passé tout l'avant-midi et tout l'après-midi à l'hôpital. Il n'y avait pas de changement et rien n'indiquait que les choses ne se passeraient pas encore comme la veille et l'avant-veille, sauf que je ne voulais rien manquer. Cette fois, j'étais bien décidé à rester auprès de Suzanne toute la journée et toute la nuit s'il le fallait. Et puis, vers deux heures de l'après-midi, sa mère et moi n'ayant pas mangé depuis assez longtemps, j'ai dit à Suzanne:

— On va aller manger quelque chose en bas. Ça va prendre cinq minutes.

Alors on est descendus ensemble à la cafétéria. Eh bien, croyez-le ou non, le temps de manger une soupe, de prendre l'ascenseur pour remonter à la chambre, l'accouchement avait eu lieu: on avait tout raté.

Alors le timing, cette fois-là...

Que ma belle-mère soit l'une de mes têtes de Turc préférées, c'est une chose connue. Particulièrement aux *Démons du midi,* j'avais l'habitude de raconter les pires horreurs à son sujet: grosse, ignorante, laide, méchante, etc. Tous les maux de la terre, elle les avait! Bien sûr, c'était uniquement pour le gag et ma véritable belle-mère ne ressemble en rien au portrait que j'en fais sur scène ou à la télé.

Cela semble évident mais je tenais à le préciser parce qu'Yvette, ma belle-mère, habite dans une maison où vivent également plusieurs femmes de son âge qui lui reprochent d'endurer sans broncher ce genre d'humiliation publique. Elles ne comprennent pas qu'elle puisse se laisser traiter de tous les noms sans répliquer, sans se fâcher, et qu'elle trouve même le tour d'en rire!

Mais ma belle-mère est une femme qui a le sens de l'humour. Heureusement, d'ailleurs, parce qu'avec un gendre comme moi, elle aurait trouvé le temps long. Vous n'avez pas idée du nombre de tours que je lui ai joués!

Parce qu'elle est confiante de nature, voire un peu naïve, c'est vraiment la victime idéale. Tous les prétextes sont bons. Par exemple, quand elle s'est décidée à changer son mobilier de cuisine, son autre gendre, qui travaillait au *Journal de Montréal*, lui a suggéré d'utiliser les petites annonces de son quotidien. «Ça va se vendre dans le temps de le dire», disait-il. Docile et confiante, elle a suivi son conseil. Sa seule erreur a été de m'en parler.

«Le temps de le dire», j'avais mobilisé toute mon armée de joueurs de tours. J'ai demandé à mon frère Bernard d'appeler ses amis et les miens. J'ai appelé moi-même Marcel Gamache afin qu'il joigne les rangs et Marcel, on s'en doute, ne s'est pas fait prier.

Tous ces gens ont donc téléphoné en se faisant passer pour des acheteurs potentiels, demandant force détails et négociant rudement. Le nombre d'appels qu'elle a reçus constitue sûrement un record dans les annales des petites annonces. Son téléphone ne dérougissait pas!

L'appel le plus cocasse fut sans doute celui de Marcel Gamache qui, se faisant passer pour un M. Poitras de Saint-Henri, argua qu'il n'y avait de place dans sa cuisine que pour quatre personnes et qu'il n'avait donc pas besoin de six chaises.

— Voulez-vous qu'on s'assoie un en arrière de l'autre?

Il poussa même l'audace jusqu'à demander un remboursement pour les deux chaises en trop.

— Écoutez, Madame. Je peux bien vous les prendre ces deux chaises-là si ça peut vous en débarrasser mais c'est vous qui allez me payer, par exemple. Je ferai pas ça par charité...

C'en était trop. Ma belle-mère fulminait. Mais le jeu avait assez duré et mon beau-père, qui vivait encore à cette époque-là, s'en mêla:

— Raccroche donc, tu vois bien qu'ils te font marcher!

Dans sa naïveté, elle ne s'était rendu compte de rien.

Autre tour, tout aussi pendable: Suzanne et moi venions d'emménager dans une nouvelle maison quand nous sommes allés rendre visite à sa mère. Cette fois-là, je n'avais pas prévu de mauvais coups, mais quand j'ai vu les deux sacs verts qu'Yvette avait déposés au bord du trottoir, j'ai eu un flash. Sans faire ni une ni deux, j'ai empoigné les sacs à ordures et quand Mme Gagnon est venue nous ouvrir, je les lui ai donnés en disant:

— C'est du lavage. Vous comprenez, on vient d'emménager, y a encore rien d'installé, ça fait que Suzanne a pensé que vous pourriez peut-être faire ça pour elle.

Bonne âme et bonne mère, Yvette s'empara des deux sacs et, après les avoir déposés sur le tapis du salon, nous offrit d'aller poursuivre la conversation à la cuisine. Ce que nous fîmes... mais ces deux sacs au salon, tout ce linge à laver que sa fille lui avait confié, Yvette, de toute évidence, n'arrêtait pas d'y penser. Ça la tourmentait. Alors mine de rien, pendant qu'on jasait, elle se rendit au salon, ouvrit l'un des deux sacs et, parce qu'il fallait commencer par trier les couleurs et les tissus, elle vida son contenu sur le tapis.

C'est un tour, mes amis, que ni elle ni nous ne sommes près d'oublier!

Un dernier exemple de cette naïveté qui est chez elle comme une qualité et qui me la rend si attachante. Un jour, lors d'un voyage que nous avons fait à Paris, Suzanne, sa mère, Olivier et moi, Yvette avait acheté un gros sac noir portant l'inscription *Souvenir de Paris*. De retour à l'hôtel, elle l'avait montré à Suzanne et je l'avais entendue dire qu'elle en était très fière parce qu'il s'agissait d'un sac de qualité qu'elle n'avait payé que dix dollars. Il faut dire qu'on avait des chambres communicantes, entre lesquelles on pouvait circuler directement ou en passant par le couloir de l'hôtel. À son insu, quelques instants plus tard, je suis allé dans sa chambre, j'ai pris son sac et j'ai fait, en revenant par le corridor, comme si j'étais allé magasiner moi aussi. Et comme si, comble du hasard, j'avais aussi acheté un sac. En le voyant, Yvette s'écria qu'il était en tous points pareil au sien.

— Et t'as payé combien?

— Trois piastres, que je lui dis.

— Trois piastres? Moi, je l'ai payé dix. Il ne doit sûrement pas être pareil.

Pour être à même de vérifier, elle courut dans sa chambre chercher le sien... Revenant quelques instants plus tard, les mains vides, elle s'exclama:

— Je ne trouve plus mon sac. Non seulement je me suis fait rouler mais en plus je me suis fait voler!

Trente ans de vie commune, ça ne se résume pas à quelques blagues et à quelques anecdotes. C'est une aventure autrement plus compliquée, surtout quand l'un des deux est aussi pris que je le suis par son travail. Même quand on a le même sens de l'humour, même quand on l'aime, ce n'est pas toujours facile de vivre avec un comique...

Mais Suzanne est une femme extraordinaire. Dans les bons moments comme dans les mauvais, elle a toujours été là, solide comme le roc, pour m'épauler, me réconforter. Pourtant, quand j'ai de la peine, je ne suis pas du genre à m'épancher... Et quand j'ai des problèmes, d'ordinaire, je les garde pour moi. Mais Suzanne me connaît si bien qu'elle me devine. Depuis le temps qu'on vit ensemble, elle sait quand j'ai le plus besoin d'elle, de sa présence et de son amour.

De mon côté, j'ai aussi appris à la connaître. D'une part, Suzanne est une femme tendre, discrète, presque fragile. D'autre part, c'est une femme fière, orgueilleuse, qui est beaucoup plus sensible que moi, autant à la critique qu'à la louange. Ça n'a peut-être l'air de rien, ce que je viens de dire, mais ce sont des choses que j'ai mis du temps à comprendre. C'est une sensibilité complètement différente de la mienne, mais c'est peut-être pour ça, dans le fond, qu'on passe la vie à s'aimer: parce qu'on n'a jamais fini de se découvrir...

Suzanne était aussi très proche de ma mère. Combien de fois en a-t-elle pris soin comme si c'était sa propre mère, et toujours avec le sourire, toujours avec la même compassion et la même générosité? La même chose pour mon frère, dont elle a aussi pris soin quand il en avait besoin. Et maintenant, je sais qu'elle s'en ennuie autant que moi.

Avoir un enfant, ça aussi c'est toute une aventure. C'est inquiétant, être parents, et c'est une inquiétude qui dure toute la vie. Mais quand ce petit enfant qu'on a vu naître (enfin, façon de parler...) se met à grandir et qu'un jour il vous dépasse en talent et en réalisations, il n'y a pas de plus grande fierté.

Olivier est un être curieux de tout: les voyages, la musique, la culture. Il a toujours soif d'apprendre et il possède, lui aussi, un remarquable sens de l'humour. Quand on a Marcel Gamache pour parrain, on ne peut pas faire autrement que d'être influencé!

Olivier est aussi quelqu'un de très ambitieux, qui veut réussir sa vie et qui prend les moyens pour y arriver. D'ailleurs cela ne date pas d'hier. Quand il avait onze ans et qu'il a commencé à suivre des cours de piano, je n'avais pas souvent la chance de l'entendre jouer.

En fait, comme ma mère avait aussi un piano et qu'elle habitait la même rue, c'est là qu'il préférait aller s'exercer. Donc je ne l'avais, à vrai dire, jamais entendu jouer jusqu'au jour où nous sommes allés à une réception dans un restaurant où trônait un magnifique piano à queue. À ma grande surprise, Olivier s'est installé au piano et nous a interprété un très joli morceau. J'étais renversé! C'était comme si moi, sans jamais avoir pris de cours, je m'étais mis à jouer devant tout le monde. Je n'avais jamais été aussi fier!

Quant à Olivier, l'expérience lui avait tellement plu qu'il ne vivait plus maintenant que pour le jour où il aurait un grand piano chez lui. Alors je lui ai proposé ce marché: il aurait son piano le jour où il pourrait jouer la *Polonaise* de Chopin. Je ne connais pas grand-chose à la musique mais je savais qu'il avait des croûtes à manger avant de pouvoir exécuter un morceau aussi difficile que celui-là.

Sauf que je me suis fait rouler. En cachette, strictement pour apprendre à jouer la *Polonaise,* Olivier prit des cours intensifs de mon ami André Morin. À peine quelques mois plus tard, un soir il m'a fait venir au salon et m'a fait asseoir sans autres explications. Puis il s'est installé au piano et a joué avec brio, par cœur et sans la moindre hésitation, la fameuse *Polonaise* militaire en la majeur, op. 40, n° 1.

Inutile de dire que j'étais aux oiseaux mais ça m'a coûté un piano de concert!

Trente ans de vie commune, ça ne se résume peut-être pas en quelques blagues, quelques tours et quelques anecdotes. Pourtant, il y a des fois où on dirait que c'est la vie qui vous joue un tour. C'est comme si, au moment où on commence à la prendre trop au sérieux — ou à se prendre soi-même trop au sérieux — elle s'arrangeait pour vous rappeler à l'ordre. Et ces moments-là, il me semble, sont parmi les plus beaux, les plus instructifs et les plus drôles qu'on puisse vivre.

Quand Olivier est né, pour la première fois de ma vie, j'ai appris à dire non. Jusque-là, je travaillais tous les soirs et tous les jours de la semaine, soit au théâtre, à la télévision ou au cabaret. Ça n'a jamais été une question d'argent mais j'aime tellement ce métier que je sautais sur toutes les occasions de le pratiquer. Sauf qu'à un moment donné, quand je me suis rendu compte que je ne voyais pas le petit grandir, j'ai abandonné le cabaret.

Encore là, même sans le cabaret, je travaillais toujours beaucoup. Tellement que Suzanne, à la longue, en souffrait. Pendant longtemps, elle ne disait rien, mais à la fin, sentant que les choses ne s'amélioreraient pas d'elles-mêmes, elle me dit qu'on ferait peut-être mieux de consulter un conseiller matrimonial.

Pour dire le vrai, je n'étais pas très chaud à la perspective d'aller me confesser à un pur étranger. Cependant, le spécialiste qu'elle me proposa de rencontrer était un médecin que je connaissais bien et que j'aimais beaucoup. Depuis peu, il avait quitté sa pratique de médecine générale pour se spécialiser dans les relations humaines. Alors j'ai dit: *pourquoi pas?*

Nous avons donc pris rendez-vous et le jour dit, à l'heure dite, à la fois confiants et inquiets, nous nous sommes présentés chez ce médecin devenu conseiller matrimonial. Après les politesses d'usage, il nous fit asseoir puis il s'installa confortablement derrière son bureau. Pour lancer la conversation, il nous posa cette première question:

— Comme ça, vous voulez mettre un peu de lumière dans votre ménage?

Ce fut également sa dernière question car au même moment la lumière s'éteignit. Paf! Panne d'électricité... Plongés dans la plus totale obscurité, on attendit en silence que le courant revienne mais au bout de cinq minutes, résigné, il nous dit:

— Écoutez, revenez donc une autre fois!

En effet, c'est pas dans cette noirceur qu'on allait trouver un peu de lumière! Mais à partir de ce jour-là, curieusement, sans qu'on ait eu besoin de retourner le voir, la paix — j'allais dire la lumière — est revenue dans notre couple.

J'ai revu ce médecin des années plus tard lors d'une soirée dans un théâtre d'été. On s'est regardés de loin, sourires en coin, puis je me suis approché pour le saluer et lui serrer la main:

— Pis, docteur, avez-vous payé votre compte d'électricité?

Enfin...

On monte une revue, une pièce, une comédie musicale, peu importe le genre de spectacle; on répète ferme durant trois semaines, un mois, et le soir de la première, à huit heures, les menuisiers cognent encore du marteau, les costumières ont encore le dé et l'aiguille à la main et les peintres apportent une dernière retouche au décor pendant que les musiciens, dans la fosse, attaquent déjà l'ouverture musicale. Alors on se dit: «La prochaine fois, on va répéter non pas quatre mais six semaines.»

La fois suivante, après six semaines de répétitions intensives, c'est la première: il est huit heures, les menuisiers cognent du marteau, les costumières ont le dé et l'aiguille à la main, les peintres ont une dernière retouche à faire... et on se rend compte que ça ne changera jamais, peu importe le temps qu'on y met.

Pour un livre, c'est pareil. Je n'ai pas encore fini que déjà l'attachée de presse confirme la date du lancement, organise des séances de signature, propose des entrevues. Pas plus tard qu'hier, la photographe est passée me voir au théâtre pour prendre la photo de la page couverture et je sais que l'éditeur a déjà commencé à corriger le texte des premiers chapitres.

Alors je me rends bien compte qu'un jour ou l'autre, il va falloir m'arrêter d'écrire. Il va falloir conclure. Enfin...

De toute façon, je dois avouer que j'en ai déjà dit plus long dans ce livre que je ne m'en serais cru capable. Car plus le temps passe, voyez-vous, et plus je ressemble à mon père. Comme lui et comme mon grand-père avant lui, je ne suis pas du genre à raconter mes problèmes, à m'épancher ou à me confier facilement.

Je me souviens que mon père avait l'habitude d'en dire le moins possible en toutes circonstances. Par exemple, parce qu'il n'aimait pas conduire, il arrivait parfois qu'il me demande de l'amener quelque part. Mais il ne me disait jamais où. J'avais beau le harceler, il répondait simplement: «Tu verras», et la conversation s'arrêtait là. Et puis, le soir venu, en montant dans la voiture, il me donnait une adresse, on roulait jusque-là et c'est seulement en voyant la plaque sur la façade de l'immeuble que j'apprenais qu'il allait voir un avocat, un médecin, un comptable. Jamais il ne m'aurait dit: «Tu vois, Gilles, j'ai un problème. J'aimerais qu'on en parle...»

Je suis devenu exactement comme lui. Je peux parler de tout un tas de choses mais jamais de mes problèmes. J'ai l'impression qu'en parler pour le plaisir d'en parler, surtout avec quelqu'un qui ne peut rien y changer, ce serait comme faire de la chaise berçante: c'est agréable mais ça ne mène nulle part.

Je ne sais plus exactement en quelles circonstances, mais il m'est arrivé un jour de faire une sorte de bilan de tout ce qui se passait dans ma vie. J'ai inséré une cassette dans le magnétophone et je me suis mis à parler librement de mes craintes, de mes soucis, de mes espérances; j'ai fait le compte des engagements que j'avais remplis dernièrement et des contrats que j'espérais signer bientôt; j'ai parlé de mes inquiétudes concernant l'état de santé de mes amis et de certains membres de ma famille. En somme, j'y ai mis tout ce qui m'inquiétait.

Un an plus tard, j'ai réécouté cette cassette et j'ai découvert quelque chose d'extrêmement intéressant: tout ce qui m'inquiétait un an auparavant ne m'inquiétait plus. Mieux encore: la plupart de ces problèmes s'étaient réglés d'eux-mêmes, sans que j'aie eu à intervenir de quelque façon que ce soit.

J'ai tenté l'expérience une deuxième fois quelque temps plus tard avec le même résultat. Tout ce qui m'avait inquiété l'année précédente avait disparu, s'était réglé tout seul, et je m'en étais fait pour rien.

Pourvu qu'on veuille bien en tirer les leçons qui s'imposent, c'est le genre d'expérience qui permet de faire un grand bout de chemin. Après ça, on ne se fait plus d'ulcères... On fait confiance à la vie.

Table des matières

Cher Gilles 7
Introduction 9

Première partie: Elevé dans les vis et les clous
Naître à vingt et un ans 17
Blanche et Eugène 23
Le monde est une ferronnerie 33
Quinze ans de prison 43
Adieu les vis et les clous, bonjour Molière
   et Beaumarchais 61
La soutane de Gratien 75
Showtime! 91
Souvenirs de mon père 107
Télévision/Prise 1 119

Deuxième partie: Le Théâtre des Variétés
Jean Grimaldi 145
Un porte-bonheur en Rose 153
Ce gala-là 159
Teddy Burns 165
La répétition 169
La grande et la petite 179

Paul Desmarteaux, recto verso 185
L'irremplaçable remplaçant 189
L'ouragan Blanchard 195
Olivier Guimond 197
Georges Guétary 211
Balconville, P.Q. 221
Le fantôme des Variétés 225
Tino Rossi........................... 233
Guilda............................... 237
Mon plus beau rôle? 243

**Troisième partie: ... pour laquelle,
j'ai beau chercher, je ne trouve pas de titre**
Du côté de ma mère et de mon frère....... 259
Télévision/Prise 2..................... 273
Souvenirs de Marcel................... 285
Du côté de Suzanne et d'Olivier 299
Enfin... 313

imprimerie gagné ltée

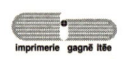

IMPRIMÉ AU CANADA